ヤクザ式
図太く生きる心理術

向谷匡史

イースト新書Q
Q057

はじめに　「この演出」が人間関係を左右する

「てめぇ、どこ見て歩いてやがる！」

肩が触れ、まんまヤクザ風に一喝されたらどうか。

「す、すみません」

顔面蒼白《そうはく》になって平身低頭するだろうし、反対に相手が優男《やさおとこ》と見て取れば、

「気をつけろ！」

こっちがガツンとカマしてみたりする。相手がヤクザかカタギかわからないにもかかわらず、外見や雰囲気で判断し、退《ひ》くか押すか、態度を決める。

あるいは、ビジネスで初対面の相手が高級そうなスーツを着て、キビキビした口調で自己紹介したらどうか。**いかにも有能そうに見えて無意識に一目《いちもく》置くだろう。**

ここに人間関係の本質がある。

ヤクザだから粗暴な態度を取ったりハデな服装《なり》をしたりするのではない。粗暴な態度と派手な服装をしているから、

（ヤクザに違いない）

と思う。

有能なビジネスマンだから隙のない態度を取るのではない。隙のない態度を取るから、

（有能に違いない）

と思う。

推測という思い込みによって上下《かみしも》がついてしまうのが人間関係であり、一度ついたこの関係は容易にひっくり返すことはできない。だからヤクザは「ナメられたら終わり」という一語を金科玉条として渡世するというわけだ。

ヤクザの誰もが武闘派というわけではない。気の弱い人間もいれば、リスクを避けて渡世しようとする慎重派もいる。だが、ナメられたら終わりという絶対条件がある。だから慎重派であっても、**服装、態度、物腰、目の配り方、ブラフ、会話の切り返しなど、経験則に裏打ちされた実戦心理術で「怖い」「図太い」「ヤバイ」を演出するのである。**

インテリで聞こえる広域組織三次団体の組長が、こう言って笑ったことがある。

「ヤクザも玉石混淆《ぎょくせきこんこう》でね。筋の通った渡世人もいれば、奴凧《やっこだこ》みたいなハンパ者もいる。天高く舞い上がってカッコつけているけど、それは表だけでね。裏から見りゃ、竹にカラフ

ルな絵を貼りつけているだけ。だけど、凧は下から見上げるから裏は見えない」

冗談めかして言ってはいるが、人間関係の本質を突いた言葉である。

社会に表裏《ひょうり》はあっても、人間関係術は変わらない。「ナメられたら終わり」を私たち表社会に置き換えれば、「軽く見られる」ということだ。職場の人間関係を例に出すまでもなく、軽く見られた人間は嫌な仕事を押しつけられもすれば、ビジネスの交渉で無理難題を吹っかけられたりもする。

反対に、**物事に動じない図太い神経をしていると思えば、相手は一歩退《ひ》いて衝突するのを避け、円満な関係を築こうとする。**ポイントは「図太い神経をしていると思えば」の「思えば」にある。図太くなくとも、図太く見えれば、それは図太いのと同じ、ということになる。

ヤクザだって、同業者に恐れられるのは、「何をするかわからない」という狂犬のような組員であり組織なのだ。狂犬でなくとも、狂犬だと思われれば、シノギでぶつかったときに相手組織は腰が引けてしまう。すなわち人間関係とは、ヤクザもカタギも、心理術という目に見えない綱を引き合う「綱引き競争」なのである。

では、どうすれば図太く見せることができるのか。ここで多くの人は壁にぶち当たる。

「理屈はわかった。どうすればいいのか」

と当惑することだろう。

そこで本書は、**「図太い」の本質は何か、どうすれば図太く見られるのかを、「図太いの見本」であるヤクザを例に具体的なハウツーとしてまとめた。**目次を見ていただければわかるように、名刺の出し方から目の配り、座る席の位置、会話術、アポの決め方、相手をドキリとさせる手法など、あらゆるシーンを例に引きながら誰もができる実戦心理術となっている。

そして、このことは声を大にして言っておきたいが、**生まれながらにして図太い人間はひとりもいない。図太く振る舞っているうちに、本当に図太い心が培われていくのだ。**このことを肝に銘じ、ビジネスに、プライベートに、何より自分をより強く変えるために、パワーハラスメントにならない範囲で本書を活用されることを切に願う次第である。

向谷匡史《むかいだにただし》

ヤクザ式 図太く生きる心理術

●目次

はじめに　「この演出」が人間関係を左右する　3

第1章　ヤクザ式「クヨクヨしない」心理術

1　ヤクザも悩む「小心な自分」　14
2　気弱な人間に引かせる「貧乏クジ」　18
3　周囲が決める「小心者と図太い人間」　21
4　打たれ強さという「図太さの本質」　24
5　図太さがつかむ「人生のチャンス」　28
6　「図太い」とは似て非なる「ハッタリ」　32

第2章 ヤクザ式「自分を大きく見せる」心理術

7 虎になるための「虎の威」 38
8 相手を呑《の》み込む「仕草の演出術」 43
9 図太く見せる「態度の演出術」 48
10 損をしてみせるという「図太さの変化球」 52
11 自己演出における「武勇伝の鉄則」 56
12 堂々と前言を翻す「納得の詭弁《きべん》」 59
13 相手の鼻ヅラを引き回す「アポの極意」 63
14 手柄を横取りする「第一報者」 68

第3章 ヤクザ式「相手に一目置かせる」心理術

15 名刺を出すときが「図太さのゴング」 72

16 相手をドキリとさせる「さん付け」のインパクト 76
17 図太さを演出する「目線の技術」 80
18 図太く押し切る「ワンプッシュ法」 85
19 途中で異を挟む「会話の腰折り法」 90
20 自慢を装う「失敗談の吹聴《ふいちょう》」 93

第4章 ヤクザ式「交渉を制する」心理術

21 交渉を制する基本は「図太さ」 98
22 事前に決めて臨む「顔の表情」 101
23 図太く掲げてみせる「錦の御旗」 105
24 不得手な話題は「図太くリアクション」 108
25 堂々と広げる「大風呂敷」 112
26 相手を混乱させる「図太い態度」 115

27 目上に一目置かせる「ノーの図太さ」 119
28 相手の譲歩に図太くつけ入る「条件闘争」 123

第5章 ヤクザ式「ピンチを逆転する」心理術

29 ヤバイと思ったら「ちゃぶ台返し」 128
30 窮地で騒ぎ立てる「大声という武器」 133
31 拒絶に図太く食い下がる「一の効用」 137
32 窮地で論点をすり替える「万華鏡の技術」 141
33 ヤバイ依頼は他人に振って「逃げるが勝ち」 146
34 いざとなったら堂々と「善意の第三者」 150
35 負けたときの手仕舞いは図太く「顔を売る」 153
36 次回を睨んで膝を屈する「忍という図太さ」 157

第6章 ヤクザ式「人望を手に入れる」心理術

37 欠点を売りにする「男気の図太さ」 162
38 非のない責任を被《かぶ》って「図太さを演出」 165
39 相手の心をつかむ「図太い訪問術」 168
40 「忖度《そんたく》せず」に自分の都合で攻める 173
41 タネをまけば育つ「評判の拡大再生産」 176
42 小さな〝不正〟に目をつぶる「我慢の器量」 180
43 図太さを培う「逆境の忍耐」 183

第1章

ヤクザ式「クヨクヨしない」心理術

1　ヤクザも悩む「小心な自分」

図太く生きることができない自分に、嫌気が差すことはないだろうか。

「失敗するんじゃないか」

「みんなに笑われたらどうしよう」

結果を気にし、周囲の目を気にし、不安と二人三脚の人生は「どうして自分はこんなに気が小さいんだろう」と自己嫌悪に陥る。「図太い神経があれば、いまよりずっと楽に生きていけるし、仕事だって、もっともっと成果が出せるのに」と自信が持てないでいる自分に忸怩《じくじ》たる思いを抱くこともあるだろう。

だが、**はた目には堂々とした振る舞いに見える人たちも、内心ではビクビクしているの**をご存じだろうか。

たとえば、前川清《まえかわきよし》は歌手生活半世紀という大ベテランで飄々《ひょうひょう》とした三枚目キャラでも人気だが、これが大変なアガリ性。この四十七年間、歌うときは精神安定剤を服用してステージに立っていると、二〇一六年に放送されたバラエティー番組『Ｍｏｍｍ!!』（ＴＢＳテレビ系）で、SMAPのメンバーだったMCの中居正広《なかいまさひろ》に明かしている。

その中居も極度の緊張タイプ。彼が『新春かくし芸大会』（フジテレビ系）に抜擢《ばってき》されたときのこと。台本を暗記するほど読み込んでなお、緊張から本番直前にトイレで吐いたというエピソードを、タレントの中山秀征《なかやまひでゆき》が『ナカイの窓』（日本テレビ系、二〇一五年放送）で語っている。

有働由美子《うどうゆみこ》といえば、元NHKの看板アナウンサーで度胸の塊のように見えるが、二〇〇一年に初めて『紅白歌合戦』の司会者に抜擢されたときの緊張感を、自著『ウドウロク』（新潮《しんちょう》文庫）にこう記す。

《眠れない。

頭から離れない。

ときどき体が震える。武者震いだと言い聞かせるが、じとっとした全身の汗を感じる。

仮に、仮に、出場歌手の名前でも間違えたら……。そう思うだけで、体が冷えていく。アナウンサーとして一生の汚点となる。

大晦日《おおみそか》が近づいてくるにつれ、失敗する自分の姿ばかりが頭に浮かぶ》

堂々たる司会ぶりの彼女が輾転《てんてん》として眠れぬ夜を過ごしていたとは、テレビの前の視聴者は想像もつかなかったことだろう。

あとひとり、スポーツ選手の〝小心〟を紹介しておこう。中日《ちゅうにち》ドラゴンズの左腕で、球団最多の通算二百十九勝を挙げ、五十歳まで現役で投げた山本昌《やまもとまさ》投手だ。風貌、話し方、そして絶やさぬ笑顔から緊張とは無縁のように見られていたが、素顔はその真逆。登板前は緊張から震えがきて、逃げ出したくなる。

（でっかいハサミで、球場の電源を切ることはできないだろうか？　そうすれば試合が流れて登板しなくてすむ）

それほどのプレッシャーを感じていたと語っている。

紹介した人たちはほんの一例だが、私たちが目にする彼らは堂々としていて、よもやそこまでビビっているとは思いもしない。ところが実際は、おのれの小心さと必死で闘っているのである。

おわかりだろう。たとえどんなに小心であろうとも、**図太く見えれば、それは威風堂々の「図太い人間」として周囲に認知されるということなのだ。**

この人間心理を熟知するのがヤクザ諸氏である。非生産的職業の彼らがシノギ（収入を得るための手段）できる源泉は、「怒らせると何をするかわからない」という恐怖感にある。

だから彼らは肩で風切って歩くことができる。反社会的勢力とはいえ、ヤクザのあの「図太さ」が一般市民には恨めしく思えるのではないだろうか。

だが、ヤクザの全員が「図太い」かといえば、それは違う。

「だって、そうでしょう」

と語るのは広域組織三次団体の中堅組員だ。

「暴対法に暴排条例で、あたしらがんじがらめですからね。債権の取り立てに乗り込んでトラブルになりゃ、一一〇番で即刻アウト。他組織とモメごとは毎度のことで、殺《や》っても殺られても人生はヤバイことになる。それでもメシは食わなきゃならない。獲物を追って地雷原を歩くようなもんですよ」

地雷なんかクソくらえ、というイケイケは、当然リスクは高い。むしろ小心な自分に悩み、葛藤しつつ、地雷原を歩いているヤクザのほうが大過なく人生をまっとうできる。だから実戦心理術に通じたキレ者は威圧することでカタギの一一〇番を封じ、同業者とはドンパチ（抗争）をせずして話をつけようとする。**威圧とは図太く見える態度であり、図太く見えるがゆえに自分たちは一目《いちもく》置かれることを彼らは熟知しているのだ。**

2 気弱な人間に引かせる「貧乏クジ」

水は低きに流れ、貧乏クジは常に気弱な人間に引かせる。

これが世の中だ。

「パワハラだ」

「働き方改革だ」

と叫んでみたところで**所詮、人間関係は弱肉強食の〝椅子取りゲーム〟**。気弱な人間やおとなしい人間は椅子から弾き飛ばされ、地べたに叩《たた》きつけられてしまう。これが社会の表裏を問わず、人間関係の実相なのである。

ヤクザ社会で言う「鉄砲玉」とは、近年ではヒットマンのことも指すが、本来は敵対組織の縄張りに送り込む組員のことだ。モメごとを起こさせ、殺されたり重傷を負わされたりすることでこれを口実に侵攻する。拳銃から発射された弾丸が二度と戻ってこないことからそう呼ばれる。ジギリ（組のために刑務所に服役する）をもってヤクザの本望とする組員であればともかく、客観的に見てこれは貧乏クジである。

では、その貧乏クジを誰に引かせるか。

「組員はみんな可愛《かわい》いからね」

と独立系の某組長は言いつつも、

「飛ばしやすい人間と、そうでない人間がいることは確かだな。目をかけている若い衆は行かせたくないし、組にとって重要な人間も手元に置いておきたい。となれば、飛ばすのはその反対ということになるけど、身体が懸かることだからね。**ああ言えばこう言うの図太いヤツは納得させるのが面倒だから、どうしても命じやすい人間に行かせることになる**」

ヤクザ社会は上意下達で、親分に逆らう組員はいないとしても、ヤバイ役目だけに、命じやすい人間を指名するのは人情というものだろう。

会社でも同じだ。部下の誰を地方へ飛ばすか、誰をリストラするか。勤務状態や成績、入社履歴などを調べはするが、図太くて一筋縄ではいかない部下は敬遠する。噛《か》みつかれて話がこじれれば、肩を叩いた上司が責任を問われ、詰め腹を切らされることにもなりかねない。となれば、気弱でおとなしい部下を狙い撃ちするのは、自己保身からすれば当然だろう。

ある中堅の印刷会社が経営難に陥り、数名をリストラしようとしたときのこと。人事部長としては、給料が高いわりには営業成績のよくない五十代のT氏に会社を去ってもらいたいのだが、彼は一家言の持ち主。すんなり肩を叩かれるとは思えない。不当解雇で訴訟を起こすかもしれないし、座り込みなどの抗議活動だってやりかねない。そういう男だ。いや、日ごろの言動から、そういう男だと人事部長は思っている。だからTの肩叩きは見送り、打たれ弱いと見下している数名に対して、泣き落としと恫喝《どうかつ》を織り交ぜながらリストラを承諾させた。

同じヘビであっても毒を持たない青大将は棒で叩き殺されるが、キングコブラは鎌首をもたげただけで誰も近づかない。もし自分がキングコブラでなければ、そうと見られるように自己演出すればいいのだ。

3 周囲が決める「小心者と図太い人間」

知人に背中に「昇り龍《のぼりりゅう》」の刺青《いれずみ》をしょったM氏がいる。広域組織三次団体の元組員だ。十年前に足を洗い、現在は土木関係の会社を経営している。四十代半ば。角刈りのコワモテである。公衆浴場は「刺青お断り」がほとんどだが、郊外のサウナに行けばOKの店もあって私とたまに出かけるのだが、見事な刺青で、身体を動かすと背中で龍が躍動し、まるで生きているようだ。

だから客の誰もが敬遠する。私とM氏がサウナ室に入っていくと、みなさんがコソコソと出て行く。すぐに腰を浮かしたのではマズイとでも思っているのか、一、二分ほど間を置いているところに気づかいを感じる。それでも二人、三人と続いたときはM氏が舌打ちをして。

「温度が下がるじゃねぇか」

ドスのきいた声に、四人目が浮かしかけた腰を下ろしたものだ。

繰り返すが、M氏はいまはカタギだ。ヤクザ社会では「現役」であるかどうかが問われ、

足を洗った人間が肩で風を切って歩いていると、

「おまえ、何様のつもりでいるんだ」

とカラまれたりもする。

一般市民からすれば「ヤクザ」も「元ヤクザ」も同じようにヤバイ人に見えるが、「現役」と「元」では、恐怖度はまるっきり違うのである。だからM氏はヤバくはないのだが、刺青を見て周囲が勝手にビビるというわけだ。

私たちは「ヤクザが刺青をしょっている」と思っているが、実際はそうではなく、「刺青をしょっている人はヤクザ」と思い込んでいるのだ。「図太い」も同じで、**「図太い人が堂々たる振る舞いをする」というのではなく、「堂々たる振る舞いをする人が図太い」ということになる。**

ここに「図太い」の本質がある。

したがって、目配り、しゃべり方、話題に出すテーマ、さらに会議で人の意見に対してあえて異論を挟んでみせるなど、**「堂々たる振る舞い」はいくらでも演出でき、これが結果として「図太い」という人物評価になっていく。**

「図太い」は、目には見えない風のようなもので、風が吹いているかどうかは、たとえば

木立が揺れるのを見てそうと認識する。言い換えれば、木立を揺らしさえすれば、風が吹いていなくても、

「あ、風が吹いている」

と認識する。それと同じなのだ。

気弱な人間もいなければ、図太い人間もいない。気が小さい人間だと周囲に思われたときに小心者になり、度胸があると思われたときに図太くなるのだ。

周知のように、白熊は縫いぐるみになるなど「可愛い」と言われて人気があるが、主食はアザラシやセイウチ、クジラなども食べる超肉食系で、獰猛《どうもう》さから「白い悪魔」と呼ばれている。ところが、雪や氷の白の世界に溶け込むために擬態として真っ白な毛になっていることから「可愛い！」になる。一方、体毛が黒い熊は危険動物とされ、里に姿を見せればニュースで大々的に報じられ、ハンターの出番となる。

熊はすべて獰猛であるにもかかわらず、毛色という外見が違うだけで、人気者になる熊もいれば撃ち殺される熊もいる。この現実から、あなたはいったい何を学ぶだろうか。

図太さは演出でいかようにもなる。この人間心理に気づくかどうかで、図太く生きられもすれば、社会の片隅で小心翼々として生きてもいくのだ。

4 打たれ強さという「図太さの本質」

「図太い」は攻撃能力のことではない。

犬にたとえれば、**「噛みつく能力」ではなく、触ると「噛みつかれるかもしれない」と思われることだ。**

人間関係で言えば、相手を打ちのめす力のことではなく、

「打たれても、この人間はギブアップしない」

「絶対にダウンしない」

「膝下《しっか》に組み敷くことができない」

と一目置かれることである。

ハリネズミを思い浮かべていただければわかるように、「こいつ、ヤバイかも」とアンタッチャブルな存在になれば、相手が事前に無用のトラブルやリスクを避けるため、我が身は安泰ということになる。しかもギブアップしないとなれば、相手にしてみれば「勝ち」は絶対にないわけで、妥協するか懐柔するか、尻尾を巻くしかなくなる。**ここに戦わずし**

て勝つという「図太さ」の本質があり、人生必勝の要諦でもある。

この能力に長《た》けているのがヤクザである。たとえば、二〇一五年に他界した安藤昇《あんどうのぼる》氏は戦後、安藤組を率いて東京・渋谷《しぶや》を舞台に波乱の時代を駆け抜け、組解散後は映画俳優に転じて一時代を画したが、私は氏の後半人生の三十年間を秘書役として過ごした。折に触れてヤクザ時代の思い出話をうかがった中のひとつに、こんなエピソードがある。

安藤組の賭場《とば》は毎月「四九《しく》の日」に開帳された。四日、九日、十四日、十九日、二十四日、二十九日に都内各所の常設会場や、箱根《はこね》の旅館を借り切って行うなど、関東《かんとう》屈指の規模を誇った。博奕《ばくち》は関東で主流の「バッタまき」で、赤黒札二組九十六枚を混ぜ合わせて使用する。アト・サキ三枚ずつが中盆《なかぼん》の手によって順に伏せられたまま配られ、中盆が駒を呼んで、アト・サキ同額になったところで勝負。勝った客は勝ち金額の五パーセントをテラ（参加料）として支払う。

賭場は富裕層や社会的立場のある上客が多く、他組織の人間にモメごとを起こされるようなことがあれば足が遠のいてしまう。だから度胸があって、腕に覚えのある組員が警備についているのだが、ときたま客の中に酔って〝行儀〟の悪いヤクザがいて、負けが込んでくると、

「どうなってんだ」

と声を荒らげる者もいる。

すると、若い衆がすかさず客の背後に身を寄せて、

「お客さん、お疲れでしょう。隣の部屋でひと息入れてください」

小声で丁重にささやく。

「そうかい」

男が立ち上がり、隣室に入ると、ギョッとして立ち止まる。自動小銃とライフルが壁にズラリと立てかけてあるのだ。若い衆がドアを閉めて、ドスの利いた声で言う。

「ウチの賭場には二度と顔を出すんじゃない」

酔客は顔面蒼白になるというわけだ。

安藤氏は当時を振り返って、こんな言い方をした。

「**ヤクザ社会は弱肉強食だからね。賭場は威勢よくないと他の組につぶされちゃうんだ。**映画のシーンでよくあるけど、盆にケチつけて拳銃《チャカ》を振り回したりしてさ、賭場をつぶしてしまう。だから、ウチの賭場は隣の部屋にズラリと自動小銃を並べて置いていた。ここへ連れ込めば、それだけでいっぺんでブルってしまう」

これが戦わずして勝つというヤクザ式実戦心理術なのである。「ナメられない」は実力行使と同等の効果があり、かつ逮捕されることもなく我が身は安全。費用対効果はバッグンということになる。

ハリネズミ式の応用例はいくらでもある。たとえば会社の会議などで、相手の意見に異を唱えたところが、

「キミは私を誹謗《ひぼう》中傷するか！」

嚙みついてこられたらどうか。

「誹謗中傷なんかしていない」

と〝受け〟に回るのではなく、

「その言い方はなんだ。私に含むところがあるとしか思えないじゃないか！」

と針を総立てる。**場外乱闘に持ち込む人間はアンタッチャブルとして、誰もが気を使うことになる。これがハリネズミ式なのである。**

「そんなことしたら嫌われ者になるじゃないか」

という懸念は無用。一度見せておくだけでよく、普段は和気藹々《わきあいあい》の人間関係を保っていれば、「彼は、こっちからしかけない限り大丈夫」ということになるのだ。

5　図太さがつかむ「人生のチャンス」

「できるか？」

と上司に問われ、

「できません」

と答えたのでは、部下の将来はない。

「できます」

と言い切って失敗したら、責任を取らされるかもしれない。

そこで返事は、

「たぶん、やれると思います」

「全力を尽くします」

と保険をかける。

当人はうまくかわしたつもりでいるだろうが、こういう返事は上司にしてみれば小賢《こざか》しく思え、評価を一気に下げてしまう。「できるか？」と問いかける以上、難しい案件であることは上司も承知している。したがって部下に望むのは、「できます！」「やってみせます！」という闘志ある返事なのだ。

成功させるのがベスト。失敗であっても、全力を尽くしてことに当たればその意気やよして、間違いなく評価される。つまり、どっちに転んでもプラス。ところが多くの人はこの本質に気づかず、「できる」か「できない」かの二者択一で考えてしまう。だから逃げ腰になり、返事に保険をかけてしまうため、上司から「見どころのないヤツ」と評価を下げてしまうのである。

有能なヤクザは、返事に保険をかけない。

広域組織四次団体で駆け出しのK組員が本部長に呼ばれ、凸凹不動産から五百万円ほど取り立てて来いと命じられたときのことだ。凸凹不動産は〝火の車〟と聞いており、五百万円の取り立ては、まず無理だろうとK組員は思ったが、

「わかりました」

目に力を込め、決然と返事をした。本音は「あそこはパンク寸前ですから厳しいかもしれません」と言いたかったのだが、予防線を張れば、

「ボケ！　社長の腕でも足でも引きちぎって売り飛ばしてこんかい！」

灰皿をぶつけられるだろう。「厳しいかも」という後ろ向きの返事は地雷を踏むのと同じで、「何がなんでも成功させてこい」とハードルを上げたくなるのが人間心理。このことを知る聡明《そうめい》なK組員の返事はいつもイエスで、前向きというわけだ。

で、どうなったか。

何度も足を運んで恫喝したが、結局、ない袖は振れず、カネは取れなかった。

そこで、K組員がまなじりを決して本部長に進言する。

「社長の片腕、落としちまいましょうか」

本部長がそうしろと言えばK組員は傷害罪でパクられるが、「本部長の命令＝組の仕事」である以上、組があとあとの面倒を見てくれる。まだ若く、勲章だと思えば悪くはない。反対に〝待った〟がかかれば、「K組員はやる気満々だったが、本部長がそれを止めた」ということになり、懲役に行かなくてすむだけでなく、「こいつは根性者だ」という評価が得られる。

勝算がなくても、

「わかりました」

と返事してみせる図太さが人生を切り開いていくのである。

「飛び込み営業百軒！」

上司に命じられ、

「ムチャ」

「パワハラ」

「やれるところまでやってみます」

と言っているようでは、それがいくら正しくても、上司に嫌われるだけ。

自信がなく、そこまでやる気がなくても、

「やります！」

決然と返事をし、それらしい努力をしてみせる図太い部下が〝人生のチャンス〟をつかむのだ。

6 「図太い」とは似て非なる「ハッタリ」

「縄張り」という言葉は、縄を張りめぐらせて土地などの境界線としたことを語源とし、「領域」や「勢力範囲」という意味を持つ。ヤクザ組織は、ミカジメ（用心棒代）、ノミ行為、ドラッグの売買、売春、賭博など、縄張り内から発生するすべてのカネを手中にすることから、彼らにとって縄張りは〝米びつ〟であり、縄張りを守ることを「死守《しも》りする」と言う。

もっとも大都会の盛り場になると、組織がひしめいているため縄張りも細分化されていて、ミカジメにしても飲食店ビルのフロアや店舗ごとに徴収したりしているが、要するに、**組織にとっては組員の命より縄張りが大事というわけだ。**

では、縄張りはどうやって決めるか。

力関係である。

「ここは俺たちの縄張《シマ》だ」

と主張しているだけで、他組織がイチャモンをつけるのはまったく自由。だから隙あらば侵食しようと虎視眈々《こしたんたん》とうかがっている。乗り込めば当然ドンパチが始まり、縄張りは勝者に帰する。縄張りは弱肉強食というヤクザ社会の基本構造であり、したがって抗争事件の多くは縄張り問題が絡むことになる。

ローカル組織であるA組の縄張りに、大組織X会の関係者が金融の看板を上げたことから、A組で緊急幹部会が開かれた。

「殺《や》っちまえばいいんだ」

Q幹部が威勢よくぶち上げた。

「相手はX会だぜ」

別の幹部が懸念を口にすると、

「ドンパチは兵隊の数じゃねぇんだ！」

Q幹部が目を剥いて言った。

「どうやるんだ」

「それをみんなで考えんだろ！」

居合わせた幹部たちは軽蔑の色を浮かべて目配せした。Q幹部は威勢のいい言葉で度胸のあるところを見せようとしているのだろうが、何をどうするのか腹づもりがないとなれば、どんなに過激であっても言葉の遊びにすぎない。評価どころか、内心で舌打ちすることになる。

気まずい沈黙になったところで、それまで黙っていた若手のZ幹部が口を開いた。

「どうするかは向こうの言い分を聞いてからにしたらどうですか」

「誰が行くんだ」

Q幹部がZ幹部を睨《にら》みつけて言った。

「私が行きます」

落ち着いた口調に、一同はZ幹部の図太さと度胸に感心したのだと、その場に居合わせた幹部のひとりが酒飲み話にこんなことを言った。

「言い分を聞くだけであって、掛け合い（談判）に行くわけじゃない。険悪なやりとりになるかもしれませんが、その場でドンパチやるわけでもない。組としてどう対処するかは親分《オヤジ》が決めることですからね。Zさんは責任を負わずして男を上げたことになる」

このヤクザ幹部が言わんとするのは、「図太い」と「ハッタリ」は似て非なるものということだ。**「図太い」がヤクザに対する賛辞であることから、実戦心理術に通じた人間は各人の言動が周囲にどう評価されているかを敏感に嗅ぎ取るのだ。**ちなみにA組の組長は独自路線を捨てて、X会に匹敵する別の広域組織傘下に入ることで縄張りを守ることとなる。

こうした例は表社会でもある。たとえば中堅の建設会社が施工するマンション建設に地元のヤクザが騒音を理由にイチャモンをつけてきたときのことだ。建設会社で急遽《きゅうきょ》、対策会議がもたれた。

M次長が過激に言う。

「警察にまかせましょう。暴対法に暴排条例で、ヤクザなんか手も足も出ませんよ」

腹を突き出して呵々大笑《かかたいしょう》する姿は威勢がよくて一見、図太く見えるが、誰もそうは思わない。M次長にリスクは何もないからだ。

ところが、Y係長の次の一言は注目を集めた。

「彼らが何を主張しているのか、会ってじっくり話を聞いてみたらどうでしょう。警察に行くかどうかは、それから判断すればいいいんじゃないですか」

「ヤクザに会うのか？」

「誰が行くんだ」

上司が腰を引いたところで、

「私が行ってもよろしいですが」

Y係長が言った。

結論から言えば、この提案は役員会で否決され、警察の手にゆだねることになるのだが、ヤクザに会って話を聞くことを提案したY係長は「図太い人」との評判を得て、職場で人望を集めることになる。

そのときを振り返り、いまは課長に昇進したY氏が言う。

「コンプライアンス（法令遵守）にうるさい時代ですから、反社会勢力と会うことを会社が許可することはないだろうと思っていました。万一、会って話を聞くことになっても、私は聞き置くだけで交渉役になるわけではありませんから」

次章から「図太く見せる心理テクニック」について実例を挙げて解説していくが、**「図太い」は実戦心理術に裏打ちされたひと工夫《くふう》がポイントで、単なる「ハッタリ」とは似て非なるものであることを、まず肝に銘じておいていただきたい。**

第2章

ヤクザ式「自分を大きく見せる」心理術

7 虎になるための「虎の威」

ヤクザは怖い。

なぜか。

「何をされるかわからないから」

というのは一面の真理ではあっても、「正解」ではない。

正しい解答は「ヤクザに見えるから」である。

こんな例はどうか。

すでに故人になったが、広域組織三次団体にFという組長がいた。小柄で話術も巧みで、愛嬌《あいきょう》のある顔がそれによく似合い、資産家や商店主など地元の旦那衆からも人気だった。肩で風切って歩くのはみっともないとして、若い衆も連れず、ひとりで出歩くのを常としていた。

「親分《オヤジ》、何かあったら困るので、秘書役に二、三人連れて歩いてください」

と幹部連中は万一を懸念して懇願するが、昔気質《むかしかたぎ》のF組長は聞く耳を持たなかった。

で、現実にトラブルが起こった。

十代の不良たちに恐喝《カツアゲ》されたのである。

「爺《じい》さん、カネ出せよ」

「坊やたち、威勢がいいな」

余裕の笑顔で言い終わらないうちに、

「ウルセー！」

いきなりブン殴られ、足蹴《あしげ》にされ、財布ごともっていかれたのである。

急を聞いて組員たちが駆けつけ、不良たちを探し出してケジメを取るだが、この一件はF組を知るギョーカイの誰もが納得で、

「だろうな。そこいらの年寄りにしか見えねぇもんな」

酒席で話題になったものだ。

一方、私の知人で造園業を営む某社長はメロドラマに涙するようなやさしい人だが、仕事柄、日に焼けて色が浅黒く、角刈りした顔はコワモテで、見た目はまんまヤクザ。一瞥《いちべつ》をくれただけでチンピラも視線を避ける。だから彼らにカラまれることはいっさいなく、トラブルとは無縁でいる。

虎は虎と認識されるから怖いのであって、キツネに見られたら足蹴にされる。反対に、キツネであっても虎に見られたら恐怖される。おわかりのように、「ヤクザは怖い」の本質は、「ヤクザに見られるから」が正解というわけだ。

私たちの人間関係もこれは同じ。

値踏みして、

（こいつ、小心者）

と呑《の》んでかかられたら相手は強気に出てくる。実際はタフな人間であっても、相手は押し切れると思っているから絶対に退《ひ》かない。

反対に、小心者であっても、

（こいつ、図太いヤツ）

と**一目置かせることができれば、それだけで威圧感になり、交渉ごとや人間関係に大いにプラスに作用することになる。**人間も猛獣も昆虫も、まず相手を値踏みし、「勝てる」と判断すれば攻めていき、「ヤバイ」となれば尻尾を巻いて逃げていく。これが生きとし生けるものすべてが有する根源的な〝闘争本能〟なのである。

では、値踏みはどこでするか。

結論から言えば「外見」である。F組長や造園業の社長がそうであるように、服装から言葉づかい、話題、目の配り、態度、雰囲気といった外見を手がかりにして、「どっちが上か」を総合的に判断する。前章で解説したように、図太くなくても、そうと見られれば「図太い人間」と評価されるように、「どう見せるか」が勝負なのだ。

ヤクザは「どう見せるか」「どう見られるか」に神経をとがらせる。私たちは「自分の視点」で鏡に映る自分を見るが、ヤクザは「他人の視点」で見る。彼らの鋭い眼光は修羅場を経て獲得したものではあるが、

「どういう目つきをすれば迫力が出るか」

「どういうしゃべり方をすれば相手がビビるか」

という「他人の視点」で培ってきたものなのである。

「虎の威を借る」とは、権力者の威勢を借りて威張ることを言う。だが、誰もが後ろに〝虎〟が控えているわけではない。借りるべき〝虎の威〟がないとなれば、自分を虎に見せることを考える。そして――ここがポイントなのだが――**人間関係における「虎の威」はイメージが大きく左右する。「図太さ」も「小心さ」も、相手は外見で値踏みするということなのである。**

多くの〝生き方本〟は、図太く生きるための構えとして、

「周囲の目を気にするな」

と教える。他人がどう思おうとケ・セラ・セラ。「我は我なり」の気概で生きていけば図太い神経の持ち主になれるとする。

だが、これは逆なのだ。図太く生きるためには「周囲の目を気にしろ」というのが正しい。周囲の目に自分がどう見られているか。あるいは、どう見せるか。これが大事で、**「図太い人」と見られれば、あなたは図太い人であり、周囲は一目置いて、それに応じた接し方をする。**「小心な人」と見られれば、ナメられ、見下され、前章で触れたように貧乏クジを引かされるのだ。

このことを熟知するのがヤクザであり、彼らはヤクザとして振る舞うことで、ヤクザとして周囲に認知され、怖がられ、それをテコにシノギするのだ。

8　相手を呑《の》み込む「仕草の演出術」

心の動きは外見や仕草に表れる。

仕事で手柄を立てれば肩をそびやかし、ドジを踏めば肩を落とす。自信がない人間は背を丸めるだろうし、小心者は視線が合うと目を伏せる。財布を落とせば渋面になり、宝くじで大金を射止めれば誰だって満面に笑みを浮かべるだろう。ニヤついている友人に会えば何かいいことでもあったのだろうと思うし、いまにも泣き出しそうに顔をゆがめていれば気の毒なことがあったのだろうと推察する。言い訳しながら目をキョロキョロさせて落ち着かない人は、その仕草だけでウソをついていると思われてしまう。

「目は口ほどにものを言う」

とは、心の動きは外見や仕草に表れるという意味なのである。

言い換えれば、**外見や仕草による自己演出は、言葉以上にインパクトと信憑性《しんぴょうせい》を持って相手に伝わるということでもある。**

「俺、神経が図太くてさ」

と口でいくら強調しても人は鵜呑《うの》みにはしないし、強調すればするほど、

（口じゃなんとでも言えるさ）

と冷ややかに受け取る。

口は重宝なものであることを知っているだけでなく、「図太い」は相手の一方的な主張であって、それを認めることは相手の主張を丸呑《まるの》みすることになる。ここに無意識の防衛本能が働き、

（ホンマかいな）

と疑心が芽生えるわけだ。

一方、たとえば朝の出社時、会社のエレベーターホールでヒラ社員が手をズボンのポケットに入れたまま、

「ウッス」

と首を突き出して部長に挨拶するのを見たらどう思うか。

（こいつ、図太い）

と思うだろう。

ポイントは「見た」にある。この仕草を見て、「こいつ、図太い」と自分が推察したとい

うことは、「見た＝推察＝図太さ」と思考は展開する。彼の図太さを否定することは、自分の推察を否定することになり、思考の整合性が取れなくなってしまう。だから、無意識に、（こいつ、図太い）

と結論することになり、目は口以上にものを言うことになるのだ。言い換えれば**仕草を演出することによって、「こいつ、手ごわい」と相手に思わせることができる**ということでもある。

だから、ヤクザは態度や仕草で目いっぱい自己主張する。たとえば彼らに会って気づくのは、膝をすぼめて座る人間はいないことだ。必ず大股で座る。どっかと座るか、背筋を伸ばして座るか、あるいは額を突き出して前屈みになるかの違いはあっても、大股であることに変わりはない。そのほうが堂々として見えることを彼らは無意識に承知しているからで、有形無形の圧力となって相手を飲み込むことになる。

僧侶は、その逆だ。私は浄土真宗本願寺派《じょうどしんしゅうほんがんじは》の僧籍にあるが、椅子に腰かけるときは背筋を背もたれに預けず、膝を軽く閉じる。大股を開いて座るなど論外で、不作法なだけでなく、謙虚さが微塵《みじん》もないとされる。私が大股を開き、どっかりと背を預けて座れば、「図太い」ではなく、

（なんだ、こいつ）

と軽蔑され、見下されてしまうだろう。マイナスに作用することになる。

膝は一例にすぎないが、たったこれだけの仕草で相手に与えるイメージがまるっきり違ってくるところに演出術の妙があるのだ。

いま、世界を動かしているのは米、中、ロの三カ国だが、トップの身長を見ると興味深い。ドナルド・トランプ大統領が一九〇センチ、習近平《しゅうきんぺい》国家主席が一八〇センチであるのに対して、ウラジーミル・プーチン大統領は一七〇センチ。日本の安倍晋三《あべしんぞう》総理が一七二センチなので、プーチン大統領の背の低さがわかるだろう。

だが、存在感はどうだ。図太さ、冷徹さといったイメージは、トランプよりも習近平よりも強い。理由のひとつは、**プーチンは常に一定の表情と声のトーンで、顔をしかめることもなければ、怒気も、当惑も、笑顔も見せない**。ここに存在感がある。トランプは威勢がいいが、表情も声のトーンも変わりすぎるし、習近平もときに口元を引き締め、むっつりした表情を見せるなど表情が変わる。

ここに人間臭さが見て取れるが、プーチンはそうではない。身長が高ければ高いほど、相手に与える心理的な威圧感は強くなるが、プーチンはトランプより二十センチ、習近平より十センチも背が低いにもかかわらず、堂々たる押し出しである。それがプーチンの地なのか演出なのかはわからないが、自分の仕草や態度、表情、しゃべり方が相手やメディアにどう見られ、どう受け取られるか、旧ソ連の諜報《ちょうほう》機関であるＫＧＢの出身である彼が知らないわけがないだろう。

ビクビクしないで図太く生きたいと思うなら、周囲から図太く見られるように、ちょっとした努力をすることだ。椅子の座り方、歩き方、何気ない仕草に注意を払うだけで周囲の見る目はガラリと変わってくる。やってみればわかる。人間は常に相手の心や考え方を読もうと無意識に身構えているため、周囲の人たちは、あなたが思っている以上に他人の態度や仕草には過敏に反応するのだ。

9 図太く見せる「態度の演出術」

最後にやって来て、最初に帰る。

これがヤクザの親分である。

反対に、駆け出しは最初に来て出迎え、見送ってから最後に帰る。だから彼らは定刻に遅れないために腕時計を確かめるが、親分や幹部はその逆で、到着が早くならないように時間に気を配る。

「いま、××町の信号を左折です」

親分のクルマを先導する若い衆が刻々と途中経過を伝え、現地責任者はそれに応じて若い衆を整列させたりする。義理がけ（葬儀）などでよく見られる光景である。序列や貫禄《かんろく》の上下がわからなくても、**葬儀やパーティーなどで登場と退場の仕方を見ていれば、その人間の立ち位置がわかるというわけだ。**

この実戦心理術を、私たちも参考にすべきだ。

（おっ、あいつ、感心だな）

という評価が欲しければ、若い衆のごとく葬儀やパーティーでは真っ先に駆けつけ、上司が到着する時間を見計らって入り口で出迎えればよい。

「ご苦労さんだね」

と、ほめ言葉に与《あずか》ることになる。

反対に、この機会を利用して、

(おっ、あいつ、図太いヤツ)

ということを見せつけたければ、この真逆をやる。**遅く来て、早く帰るのだ。**ただし、態度にひと工夫がいる。キーワードは「駆けつける」と「堂々たる態度」である。遅れて会場に入るときは速足で飛び込むようにして、

「間に合ってよかった」

堂々とニッコリ笑顔を見せ、

「いま、A社と話を詰めてまいりました」

上司にクライアントの社名でも口にすれば、

「それはご苦労さん」

ということになる。漫然と遅れたのでは上司も舌打ちをするだろうが、大事な仕事を終

えて急いで駆けつけて来たとなれば、遅れたことがプラスに作用する。

途中で退席するときも同様で、

「このあとB社と打ち合わせがありますので」

堂々と告げれば、

「そうかね。ご苦労だが頼むよ」

と気持ちよく送り出してくれることになる。遅れて来て、しかも途中退席というのは誰でも気後れするもので、上司もこの心理がわかっているだけに、堂々たる態度を見て、

(結構、胆《はら》が据わっているんだな)

と見直すことになる。

「そんな度胸があれば苦労しないさ」

とボヤくのは人間心理のなんたるかを知らない人。**「図太い=度胸」ではなく、どう自分を見せるかというパフォーマンスにすぎないのである。**

政治家を見ればわかる。各種パーティーで必ずと言っていいほど遅れるか、開式の直前に飛び込んでくる。それでいて「遅れて申し訳ありません」といったお詫《わ》びは一言もなく、堂々と壇上に立って、ひとくさり挨拶をし、「公務多忙」を理由に胸を張って途中退席して

いく。

「何しに来たんだ」

と悪口を言う人は、まずいない。本来は顰蹙《ひんしゅく》を買うことであっても、堂々たるパフォーマンスゆえに、

「忙しいのによく来てくれた」

という評価になるのだ。

パーティーや会合にラフな服装で行ったところが、みなさん、きちんとネクタイを締めていて肩身の狭い思いをすることがある。だが、**こうしたときこそ、自分を図太く見せるチャンスだと思えばいい**。内心は肩身が狭くても、見せかけは堂々と「俺は意識して、この服装できたのだ」という表情をしていれば、ラフであればあるほど、

（この人、神経が図太い）

という評価になっていくのだ。

10 損をしてみせるという「図太さの変化球」

図太さは「押しの強さ」だけではない。

「退《ひ》く、譲る、損をする」

という演出術もある。

広域組織三次団体の幹部A兄《あに》ィが、不動産会社のオーナーから取り立ての依頼を受けたときのことだ。相手は飲食店経営者で、〝ケツ持ち（用心棒）〟にC会がついている。二千万円の貸付元金に利息が五百万円の計二千五百万円の取り立てで、A兄ィとC会のあいだで何度も話し合いがもたれ、難航の末に利息なしの元金のみの返済で話がついた。

A兄ィはキャッシュで受け取った二千万円を依頼主の不動産会社へ持参し、

「約束どおり〝取り半〟ということで、一千万円もらっとくぜ」

帯封をした百万円の束のうち十個を手もとに引き寄せると、そこから束ひとつ――百万円だけを内ポケットに入れながら、

「これは若い者にやる小遣いとしてもらっておく」

と言って、残りの九百万円をオーナーのほうに押しやったのである。

「し、しかし、それでは」

オーナーが驚くと、

「いいってことよ。貸したカネが返らねぇんじゃ、お宅も困るだろう。たまには人助けしてもバチは当たるめぇ」

ガハハハと笑い飛ばした。オーナーは恐縮しつつも、A兄ィに大きな借りができたことになる。今後、オーナーの会社で扱う不動産ビジネスやトラブルは、A兄ィに相談しなければならない。義理を背負わせたことに比べれば、一千万円なんて安いものだ。A兄ィは、あえて太っ腹を演出することでオーナーを釣り上げたという次第。

「ボタンの掛け違い」

という言葉は本来、「対処の方法を誤り、そのことが原因であとから不都合が生じたり、双方のあいだで食い違いが生じたりすること」という意味だが、ヤクザ式の視点でこれを読み解くなら、**「相手にまず貸しをつくり、そのまま最後まで優位な立場をキープする」**ということになる。掛け違えたボタンは結局、どこまで行っても掛け違えのままであり、いったんつくった借りもまた、精神的な負い目という借りを延々と引きずることになる。

このノウハウを〝人気商売〟の政治家は、たとえばこんなふうにアレンジして用いる。

選挙運動でのこと。K代議士の選挙区である東日本某県は農家が多く、ちょうど田植えの時期だったので農家は総出で農作業にかかっていた。K代議士は農道に選挙カーを止めさせると、田圃《たんぼ》に向かって手を振ってから、やおらズボンの裾をまくり上げ、靴を履いたまま田圃に入っていったのである。

「先生、靴が！　私らがそっちへ行きますから！」

農家の人たちが驚いて叫ぶと、

「とんでもない。田植えで忙しいときに話を聞いてもらうんだ。靴のことなんか構っちゃいられんよ」

ズボッ、ズボッと、ぬかるむ田圃を彼らのほうに歩いていったのである。図太さもここに極まれりで、本気度がひしひしと伝わってくるだろう。

「先生、頑張ってください！」

農家の人たちは大感激し、K代議士が差し出した手を力強く握り返すことになる。

そしてK先生は宣伝カーに乗り込むと、靴を履き替える。シートの下には合成皮革の安い靴が何足も用意してあったのである。選挙カーは次の田圃へと向かい、同じパフォーマンスが繰り広げられるのだ。

「そこまでやるか」

ということよりも、「靴を台なしにしてまで私たちに挨拶してくれた」という思いが農家の人たちに無自覚の〝負い目〟を与えていることを見逃してはならない。

A兄ィも、K代議士も、**自分が損をしてみせるというパフォーマンスで相手の心をわしづかみにしてしまう。**これが「退《ひ》く、譲る、損をする」という図太さのパフォーマンスなのである。

人間関係において図太く優位に立ち続けていたいなら、積極的に頼まれごとを引き受け、労苦をいとわず汗をかき、そして首尾よくいっても謝礼は決して受け取らない。これがヤクザが得意とする**〝ボタンの掛け違い法〟**なのである。

11 自己演出における「武勇伝の鉄則」

武勇伝のないヤクザはいない。

他組織とツノを突き合わせ、メンツだ、シノギだという日常にケンカや抗争はつきものと言ってもよい。だから誰しも武勇伝はある。「刺した、撃った」という話に限らず、**「刺された、撃たれた、死線をさまよった」という経験談も過激さということにおいて立派な武勇伝で、人物評に大きく影響する。**

だから、話し上手《じょうず》なヤクザは得をする。

「若《わ》けぇころはケンカは毎晩だぜ。あるヤクザ者《もん》と飲み屋でモメてよ。俺、気が短《みじ》けぇだろう。ケツまくったところが、いきなり拳銃《チャカ》を出しやがった。しょうがねぇからテーブルひっくり返して、椅子で頭カチ割ってやったんだ」

聞いていて飽きさせないのはいいとしても、問題はリアリティー。本当の話であっても、話半分だと思われたら武勇伝はたちまち色あせ、

（テキトーこいてるな）

と腹の中で嘲笑されたりもする。

これはヤクザに限らないが、武勇伝における「話し上手」とは、話術そのものよりもリアリティーをどう演出するかにあるのだ。

すでに故人になったが、ある長老が世間の耳目を集めた抗争事件を振り返って、

「実は」

と私にこんな話をしたことがある。

「あのとき××組長が向こう側に寝返ろうとしたんだ。で、俺はドスをテーブルに置いて言った。〝俺を刺してから行ってくれ〟ってな。その××組長も亡くなっちまった。いまだから言える話だけどさ」

そんな秘話があったのか、と感心しながら聞いていたが、その現場に居合わせた第三者はいない。当の組長はすでに鬼籍に入っている。実際にあったことかどうか確かめようがないにもかかわらず、私はこの話に引き込まれた。「実在の抗争事件」というフレームの中での秘話であり武勇伝になっていることが、**たとえ盛った武勇伝であっても、語りにリアリティーを生むのだ。**

もし武勇伝を創作して「こいつ、図太いヤツ」と思わせたかったら、次の三点が鉄則と

なる。

一、過去に実際にあった出来事。
二、検証が不可能であること。
三、語った武勇伝が現在に影響しないこと。

この三つさえ守っていれば、どんな武勇伝を創作しても大丈夫。つまり、虚実織り交ぜて話すということで、「実」という盤石の土地に「虚」というビルを建てると思えばいいだろう。若手なら学生時代の武勇伝、中堅や役職であれば新入社員のころの武勇伝、中途採用者なら当然、以前いた会社の武勇伝がいいだろう。**なりたい自分、見せたい自分を存分に演出すればよい。**

ただし、話しすぎないこと。短くキュッとまとめ、

「これ以上は言えないけど、実はそんなことがあったんだ」

あとは笑って締めくくるのが、ヤクザ式なのだ

12 堂々と前言を翻す「納得の詭弁《きべん》」

「俺の言葉が証文だ！」

ヤクザが好んで使う啖呵《たんか》である。

逆の立場から言えば、

「吐いたツバ、飲むんじゃねぇぜ！」

ということになる。

一度口にしたら、死んでも守る。これがヤクザの矜持《きょうじ》であり美学である。言い換えれば、一言が命取りになるということでもある。

私たちも同じで、前言に縛られる。命こそ取られないが、信用を失ってしまう。だが、考えも変われば状況も変化する。前言を撤回したり修正したりしたくなるが、

「ウソつき」

と非難されるのではないかと躊躇《ちゅうちょ》する。

「ごめん、あのときは確かにそう言ったけど、考えが変わったんだ」

アッケラカンと図太く言えたら、どんなに人生は楽だろうと恨めしく思いながら、

（あんなこと、言わなきゃよかった）

と、うじうじ悩む人は多いと思うが、安心していただきたい。**ちょっとした心理術を用いれば、前言はいとも簡単に翻すことができるのだ。**

「俺の言葉が証文だ！」

というヤクザでさえ、ものの見事に前言撤回してみせる。

関西極道のＭ兄ィが、クラブ経営者から三百万円の取り立てを頼まれたときのことだ。相手は元半グレ（準暴力団）で、いまは風俗店の店長をしているが、まだ二十代半ば。経済力から考えて返済能力があるとは思えない。

「取れますかね？」

クラブ経営者が思わず本音を口にすると、

「社長、極道に向かって念を押すのかい？」

Ｍ兄ィが険しい顔を見せて、

「ワイが出張《でば》って手ぶらで帰ったことは、これまで一度もないんやで。信用でけんのやったら、よそ頼んだらええやないか」

「そ、そんなつもりじゃ……。よろしくお願い致します」

で、どうなったか。

どうにもならない。

ない袖は振らせようがなく、

「保険金かけて六甲《ろっこう》に埋めたろか！」

恫喝してみたところで、そんな手間なことをやるわけがないと店長も思っている。頭にきて暴力を振るえば向こうの思うつぼで、傷害罪でパクられてしまう。さりとてM兄ィは

大ミエを切った手前、

「やっぱり無理や」

と言ったのでは恥をかくし、今後のシノギに影響もするだろう。

そこで店長にこう言った。

「ウチの親分《オヤジ》から〝待った〟がかかった」

「えっ、どういうことです？」

「知らんがな。そんなこと、いちいちオヤジに訊《き》けるかい。おのれ、何か隠しとんのとちゃうやろな」

「めっそうもない」

こうしてM兄ィはメンツを失わずして堂々と前言を翻したのである。

つまり、不可抗力の演出。

「A社を紹介すると言った件だけど、相手が断ってきたんだ」

「どういうこと？」

「わからない。〝事情は、お宅の専務が知っている〟と言うんだけど、まさかそんなこと専務に訊けないだろう」

「それもそうだな」

ということになる。

前言を翻して通用するだけの理由を見つくろい、堂々と口にすれば誰だって図太い人間になれるのだ。

13 相手の鼻ヅラを引き回す「アポの極意」

大阪が生んだ破天荒な天才芸人の故横山《よこやま》やすしに「時計鍋」の逸話がある。

やすしは客を自宅に招いて鍋を振る舞うのだが、これが深夜の二時、三時まで続くため、客が切り上げるタイミングを計って腕時計に目をやると、やすしが怒り出す。

「主人に対して失礼やろが。時計を持っているから時間を気にするんや」

出せ、コラッ、と怒鳴りつけるや、腕時計を鍋に入れてしまうのだ。

「時計鍋」を何度も目撃している直弟子の横山ひろしは、

「自分を放っておかないでほしいという寂しさが理由だと思います」

と、やすしの孤独な一面を語っているが、視点を変えれば、**これは「自分が場を仕切る」という図太い処し方であり、まんまヤクザ式なのである。**

紳士的な一部の幹部を別として、彼らと一杯やると、なかなかお開きにならない。

「だから、覚悟して飲むんですよ」

と語るのは、何かと地元ヤクザの世話になっている某商店主。時計の針が深夜を回り、

「じゃ、そろそろ」

とエンディングにかかると、

「まだいいじゃないか」

と引き止める。

それから小一時間ほど飲んで、

「じゃ、そろそろ」

と腰を浮かしかけると、

「なんでぇ、俺と飲むのが嫌なのか」

不機嫌な顔になる。

仕方なく、さらに小一時間ほどつきあったところで、ヤクザが言う。

「さて、帰るか」

こういうことが何度か続くうち、商店主は悟る。

「うながされて腰を浮かすと、相手に従ったことになる。**ヤクザは常に主導権を持つ立場に自分を置こうとしますからね。仕切られることを本能的に嫌う。**このことに気づいてから、相手が〝帰ろう〟と言い出すまで、私のほうから〝そろそろ〟は口にしないことにしたんです」

実際、私も若かった週刊誌記者時代、ネタ元のヤクザを取材したときに、そんな経験をずいぶんしたものだが、「主導権を握る」という視点から見れば、このヤクザ式は大いに参考になる。**相手を自分に従わせる第一歩は**――意外にスルーされているが――**アポの時間決めの段階から始まっているのだ。**

たとえば、取引先と電話で打ち合わせの日時をやりとりする。

「じゃ、来週の月曜日、午後一時でいかがでしょう」

相手が提案し、

「承知しました」

と二つ返事するのは人間関係のなんたるかを知らない人。相手は自分の都合で日時を口にしているのであって、これにやすやすとOKを出せば、

（ラッキー！）

ということになって勢いづかせる。

予定が空いていても、

「月曜？　まる一日、予定が入っていますねぇ」

「では、水曜日はいかがですか？」

「ありゃ。出張が入っていますね。金曜日では？」

「私のほうが、ちょっと都合が悪くて……。木曜はどうですか？」

「そうですねぇ」

「なんとかお願いできれば」

「午後の遅めでしたら」

「それでお願いします！」

この時点で、**「この人間は図太く、容易ならざる交渉相手である」という無意識の刷り込みがなされる。これが相手の鼻ヅラを引き回す「アポの技術」なのだ。**

あるいは、打ち合わせ時間のケツを切って（終了時間を決めて）いない場合は、

「このあと予定があるので、三時までということでよろしいですか？」

失礼にならないよう、丁重に、会うなり告げる。

「ダメです」

という人間はもちろんいない。時間を切られ、それに従うということで、主導権は時間を切った側が握ることになるのだ。

私が週刊誌記者時代、事件が起こるとヨーイドンで取材先にどんどんアポを入れていくのだが、二つ返事でＯＫしてくれる相手は軽く見てしまう。

ところが、

「その日はちょっと」

「その時間は都合が悪い」

と返事を渋られると、とたんにあせり始め、

「そこをなんとか」

と懇願調になったりもするのが人間心理なのである。

横山やすしの「時計鍋」も、「じゃ、そろそろ」と席を立とうとすると怖い顔をしてみせるヤクザの処し方も、本人がどこまで意識しているかは別として、人間心理を熟知したうえでの図太さの演出ということになる。

14 手柄を横取りする「第一報者」

同僚が仕事でドジを踏む。

「部長に報告しといてよ」

と頼まれたら、あなたならどうするだろうか。

「自分で言えよ」

と突っぱねるはずだ。

悪い知らせに対する上司の怒りは、それをしでかした者よりもまず、第一報をもたらした者に向けられる。なぜなら、上司は対応を求められるため、「誰が失敗したのか」よりもまず、「失敗そのもの」を問題にするからだ。失敗を認知するのは第一報であり、それをもたらした者に怒りが爆発するのは当然の心理なのである。

では、手柄を立てた場合はどうか。これも同様で、上司は「誰が手柄を立てたか」よりも、まず「手柄そのもの」が嬉《うれ》しくなるため、第一報をもたらした者に対して、

「よし、でかした！」

と称賛の言葉をかけることになる。繰り返しておくが、手柄を立てた人間かどうかは関係なく、吉報をもたらした者をほめるのは人間の自然な感情なのだ。だから第一報は多くを語らず、

「とりあえず一報を得たので、ご報告まで」

と言って電話を切ればよい。手柄を立てた当人の報告は二番煎じになるため、息を弾ませて報告をしても、「そうなんだってな。よくやった」といった程度で、感激は薄くなるという次第。

これが手柄を横取りする図太い処し方のひとつなのである。

ヤクザ社会は「弾は後ろから飛んでくる」と言われるように、身内に寝首を掻《か》かれることも少なくない。**地位は有形無形の力があり、上に行けば行くほどシノギがやりやすくなる。**同じ一家内の〝椅子取りゲーム〟で、これはビジネス社会も同じだが、ヤクザは身体が懸かるだけに、よりシビアということになる。

図太くて、はしっこいヤクザになると、成功の第一報は当然として、他の組員が進行中の案件を上の人間の耳に入れておく。

「××町の縄張《シマ》の件で、ウチのMが向こうと話しています。いちおう、お耳に、と思いま

して」

そして経過を逐一報告しつつ、首尾よくいけば、

「例の件ですが、Mが話をつけたそうです」

第一報を入れ、うまくいかなければ、

「Mから報告が届いてますか？　ちょいとモメてるって話を聞いたもんで」

結果はわかっていても、凶報になるのを避けつつ、Mを第一報者にすればいいのだ。

自分が手柄を立てたと言えばウソになる。ウソは人間として卑しむべきことで、神経の図太さとは似て非なるものだ。だが、**ウソをつくのではなく、「うまくいった」という事実をそのまま第一報として上司の耳に入れるのは、部下として当然のこと。**義務と言ってもよい。果たした義務に対して上司がどういう評価を下すかは、上司自身の問題ということになる。

「商談、うまくいったそうです！」

当事者でなくても、第一報に対して引け目を感じる必要はまったくないのだ。

第3章

ヤクザ式「相手に一目置かせる」心理術

15 名刺を出すときが「図太さのゴング」

ヤクザは初対面で勝負する。

（なんや、チンケなヤツ）

と見下されれば、掛け合い（交渉）でガンガン押してこられるし、

（こいつ、図太そう）

と一目置かれれば、相手は話がこじれないように注意し、無意識に妥協点を探ることになる。

掛け合いでなくても、**紹介された相手を値踏みするのはヤクザの常で、初対面でナメられないようにする**。これは彼らの習性と言っていいだろう。

たとえば、名刺。週刊誌記者時代から多くのヤクザに会ってきたが、彼らから先に出したことは一度もない。取材者の私がまず差し出し、ヤクザが手に取って一瞥をくれてから、おもむろに自分の名刺を出す。お宅が名刺を出したから、それに応えた、という形である。

「名刺の後先なんか、たいしたことはないじゃないの」

と考えるのは、人間心理のなんたるかを知らない人。これから先も自分を図太く見せることなど不可能だろう。

こんな例を考えてみればわかる。クライアントの担当者に紹介され、社長に初めて会う機会があったとする。

どっちが先に頭を下げるだろうか？

どっちが先に名乗るだろうか？

どっちが先に名刺を差し出すだろうか？

言うまでもなく、あなたが頭を下げ、名前を名乗り、名刺に両手を添えて丁重に差し出し、「お世話になっています」と、お礼のひとつも口にするだろう。

では、逆の立場だったらどうか。あなたがクライアントの社長で、取引業者と会った場合だ。あなたから頭を下げることはない。先に名乗ることもないし、名刺を出すこともない。自分のほうから名刺を差し出して挨拶するのは、力関係において「下の者」に決まっているのだ。

だから**ヤクザはあわてて名刺を出したりはしない**。相手がカタギなら、向こうが差し出してから渡すし、ヤクザ同士で対等の関係にあれば、相撲の立ち合いのようにして呼吸を合わせつつ、後先ないように名刺交換をする。一度風下に立つと、それをひっくり返すのは容易でないことを、彼らは経験で熟知しているからである。

ビジネスマンも同様に、**初対面の場合はあわてず、相手が名刺を出すのを待って渡せば、相手は間違いなく図太さを感じ、威圧感を受けるはずだ。**一目置かれた関係での和気藹々と、ナメられてからの和気藹々とでは、同じ和やかな会話であっても、人間関係において天地の違いが出てくるのだ。

名刺は「後出し」だが、握手は「先出し」が鉄則だ。ヤクザで握手する人は少ないが、都会のスマートな若手ヤクザはビジネスマンのように手を差し出す者もいる。話がどう転ぶかわからないので、会ったときに握手する者はまずいないが、話が弾み、いい関係になったときは別れ際に手を差し出すことはある。

若手の都会派として評判のN組長がそうだった。名刺は「後出し」だったが、三十分ほど話をして私が立ち上がると、

「じゃ、また」

と言って握手の手を差し出したのだ。

予期せぬことに私はあわててその手を握ったのだが、あとで考えてみるに、まさか差し出

された手を無視するわけにはいかない。つまり、**握手は相手に対する強要であり、人間関係における主導権なのだ。**考えてみていただきたい。あなたが目上の人に会い、別れるときに自分から手を差し出すだろうか？　西洋人ならいざ知らず、日本では握手の手は「立場が上」の人間が差し出すものなのである。

以上のことから、**「名刺は〝後出し〟、握手は〝先出し〟」が自分を図太く見せる基本ということなのだ。**

ついでに言っておけば、喫茶店で打ち合わせをするときは、初対面の挨拶と名刺交換をすませてからすぐ、

「なんになさいますか？」

と自分から先に問いかけること。

「じゃ、コーヒーを」

相手は恐縮する。「なんにするか」という問いかけひとつで、ホスト役とゲスト役に配役が決まってしまう。場を仕切るのは当然、ホスト役なのだ。コーヒー代は経費で落とせばいいし、自腹を切れば、次回は相手が払う。損はないのだ。

16 相手をドキリとさせる「さん付け」のインパクト

初対面の相手が自分の上司と知り合いであると知れば、接する態度は変わってくる。

「知り合いです」

と相手が口にしなくても、

（ひょっとして、上司と関係のある人か？）

と推察すれば、同様に態度は改まる。

まして、相手の「知り合い」が社の上層部となれば、態度が改まるどころか、印象を悪くしたらヤバイと思う。できるだけ「いい人」に見られたくて、和気藹々の雰囲気にもっていこうとする。**「知り合いがいる」は、自分を大きく見せる方法のひとつなのだ。**

だが、そう都合よく相手の会社に「知り合い」がいるわけではない。そこで、「ひょっとして、知り合いかもしれない」と相手に推測させればいい。

実はこの心理戦術はヤクザが日常的に用いているものなのだ。たとえば、私が関東A組のY幹部を取材したときのこと。関西X会の次期跡目が話題になり、私が「衆目の一致す

ろところ、若頭《カシラ》のQでしょうね」と水を向けると、

「Qさん、若い衆に人気もあるしね」

Y幹部がさりげなくQ氏のことを〝さん付け〟で呼んだのである。

（若頭とつきあいがあるのかな？）

という思いが私の脳裏をよぎり、「つきあいがある＝顔が広い＝実力者」と推測は連鎖していく。**「実力者」という推測は、自分が推測したゆえに無意識に刷り込まれるのだ。**

いま事件の渦中にある「カルロス・ゴーン」を例にすればわかりやすい。接点がまるでなく、彼とは異次元の世界にいる人は、「ゴーンって、そんなことやってたのか」と呼び捨てにする。一方、「カルロス・ゴーン」に近しい人は、刑事被告人になろうと「ゴーンさん」と〝さん付け〟で呼ぶ。

このことはトランプ、プーチン、習近平、金正恩《キムジョンウン》といった世界の著名人に対してもそうであるし、演歌の大御所である北島三郎《きたじまさぶろう》や人気作家の村上春樹《むらかみはるき》に対しても同じ。

「トランプのヤツ」

と私たちは呼び捨てにする。

「北島三郎が」

「村上春樹が」

と、これも一様に呼び捨てである。

トランプは〝雲上人《うんじょうびと》〟としても、

「このあいだ、テレビで北島さんが面白いこと言っていたね」

「村上さん、次作はかなり意欲的なテーマらしい」

と、〝さん付け〟の言い方をしたらどうか。

なんとなく奇異な感じがして、

(まさか、知り合いじゃないだろうな)

といった思いがかすめるだろう。これが、前章で紹介した**〝虎の威〟であり、自分を大きく見せる〝さん付け効果〟**というわけだ。

ヤクザは基本的に役職で呼ぶ。上意下達の世界で〝さん付け〟は馴《な》れ馴れしくなるためだ。「○代目」「代行」「本部長」「若頭《カシラ》」「理事長」。大物組長や大幹部になると、住まいの所在地で呼んだりする。逆説的に言えば、〝さん付け〟は、それほどにインパクトがあるということなのである。

「御社のY会長のインタビュー記事を拝見しましたが」

と話を振るなら、

「Yさんのインタビュー記事、よく人柄が表れていますね」

と言ってみるとよい。

「Yって、弊社の会長ですか？」

「ええ」

平然と言えば、

(まさか、知り合い？)

相手は間違いなくドキリとする。

「Y会長をご存じなんですか？」

と、あえて訊く失礼な人間はいないものだが、もし訊かれたら、

「知っているというほどでもありませんが」

笑ってはぐらかし、

「で、さっそくですが」

用件に入っていけばいいのだ。

17　図太さを演出する「目線の技術」

ああ言えばこう言う。

自分に非があっても、「それはそれ、これはこれ」と理屈に詭弁を絡めて攻め込んでいく。

これが図太い人間である。

たとえば、中堅組員のK兄ィが隠居の資産家に取り立てを頼まれ、請け負ったものの、うまくいかなかったときのこと。

「あんたねぇ、一千万やそこらのカネが取れないようじゃ、金バッジが泣くよ」

隠居が嫌みを言ったところが、

「コラッ、爺さん！」

K兄ィが目を三角にして、

「回収できなかったことについちゃ、確かに俺が悪い。何を言われてもしょうがない。だが、バッジがどうのこうのはウチの組のことだ。金看板に泥を塗られて黙ってるわけにゃいかねぇ！」

思いもよらない〝論点〟からの反撃に、

「そ、そういうつもりじゃなくて……」

資産家はアワを食ったが、もう遅い。

「じゃ、どういうつもりだ！」

攻守ところを変えてガンガン攻め込み、結果、K兄ィは〝ワビ料〟として三百万円をむしり取ったのである。K兄ィは**自分に非がありながら相手の言葉尻をとらえて逆襲に転じた。図太さとは、こういうことを言う。**

あなたの周囲にもK兄ィのようにしつこく、ネチっこく食い下がる人間がいるはずだ。眉をひそめることも少なくないが、一方で、言いたいことの半分も言えない人にしてみれば、「彼の図太さが自分にもあれば」とうらやましく思うこともあるのではないだろうか。ヤクザもそれは同じで、**相手の言い分が正しいからといっていちいち納得していたのでは、木の葉が沈んで石が浮く不条理の世間を渡っていくことはできない。**

ところが、若手で一本気のH組員には、この図太さがない。

「カネを借りたら返す。これ、当たり前だろう？」

そう言って借金取りに追い込まれると、

（それもそうだ）

と納得してしまう。

実際、そのとおりなのだが、H組員にK兄ィのような図太さがあれば、

「なんだ、その言い草は！　カネは借りたが、てめぇに説教されるいわれはねぇぜ！」

揚げ足を取って話をモメさせ、プロレスのような場外乱闘に持ち込む。結果、双方痛み分けとなり、借金はチャラにならなくても、返済延期にはもっていけるだろう。ところがH組員は、相手の「正しい言い分」にケチをつける図太さに欠けるというわけだ。

H組員はそんな自分に嫌気が差しているのだが、では、どうすれば図太い神経の持ち主になれるか。

悩んでいるうちに、

（あっ、そうだ！）

と、ひらめく。

目だ。

揚げ足を取る図太さがないのなら、何も言わないで、目で相手を攪乱《かくらん》していくのだ。ヒントは先日、組の仕事《シノギ》で不動産会社に取り立てに行ったときのことだ。ガンガン攻め立て

ると、

「月末まで待ってください」

と言ったきり、社長が口をつぐんだまま、チラリと壁の時計に目を走らせたのである。

これにH君は反応した。

（まさか、警察《サツ》が来るんじゃないだろうな）

咄嗟《とっさ》に思った。

サツでなければケツ持ち（用心棒）を待っているのかもしれない。いずれにせよ、時計に目をやるということは、そこに何か意味があるはずだ。そう考えたH組員はグズグズしているのは得策ではないと判断。

「また来るぜ」

と言い残して会社を出たのだった。

これが〝目の攪乱法〟で、実際、試してみた。居酒屋で私が店員にビールをこぼされたときのこと。オーナーがすっ飛んできてペコペコ謝ってから、

「これ、クリーニング代です」

と茶封筒を差し出した。

K兄ィのように弁の立つ図太い人間なら、

「てめぇ、この野郎！　まるで俺がクリーニング代を強要しているみたいじゃねぇか！」

騒ぎを大きくして慰謝料をふんだくるところだろうが、H組員にそこまでの図太さはなかった。そこで封筒には見向きもせずに黙ったままソッポを向くと、

「し、失礼しました」

結局、オーナーは慰謝料を上乗せして支払ったという次第。

「課長、申し訳ありませんでした」

部下がドジを踏んで謝ったとき、ガンガン説教ができるならすればいい。そこまでの図太さがなければ、あえて何も言わない。**説教もしなければ返事もしないで、ソッポを向いてみせるだけで、部下は間違いなく青くなるのだ。**

18 図太く押し切る「ワンプッシュ法」

ヤクザも図太い神経を持った人間が借金するときは、堂々と強気だ。

関東某県に勢力を持つW一家のA幹部が、親戚づきあいをしている別組織のB幹部にこう言って借金を申し込んだ。

「急ぎのカネがいるんだ。ちょっと回してくれねぇか」

こともなげな口調で言った。

これがもし、

「悪いけど、おカネ貸してくれないか？」

と深刻な顔で言えば、

（こいつ、相当に困っているな）

と思われ、貸し金が焦げつくかもしれないと警戒されてしまう。だから、カネは持ってはいるが急ぎの出費があって一時的に資金ショートしているだけ――という**余裕の態度で申し込むことが大事になってくる。**これで断ったのでは、B幹部自身が「カネに困ってい

る」と公言したことになり、評判に関わるだけでなく、

「金額も訊かねぇで断るのか？」

とネジ込まれることにもなりかねない。となれば、「いくらいるんだい」と気が進まなくてもB幹部はこう言わざるを得なくなる。

これがポイントのひとつ。

で、二つ目のポイントは、心理術を利用した金額の切り出し方。A兄ィが必要としているのは五百万円だが、正味の必要額を告げるのではなく、

「四、五百だ」

と、あえて少なめの四百万円を挟み込む。

B幹部の立場になってみれば、その意図がわかる。「四、五百」と言われて四百万円を貸したのではケチったことになり、感謝が薄くなるため死に金になってしまう。ならば、**ここは多いほうの五百万円を貸し、ありがたがってもらいたいというスケベ心が働くのが人間心理。**

「わかった。五百ほど回しておくぜ」

B幹部は笑みを浮かべて言った。A兄ィは感謝の言葉を口にするはずだ。「悪いな」と

かなんとか、お礼の言葉を口にさせて初めて、貸したカネに値打ちがつく。

ところが、A兄ィはお礼を言わない。

「そうかい」

と素っ気ない。

「言い値しか回さないのか」

と言外に言っているのだ。これにB幹部は肩すかしの気分になる。たとえて言えば、子供にお年玉を弾み、てっきり大喜びしてくれるものと思っていたところが、期待したリアクションがなければガッカリ。そんな気分と言えばわかりやすいだろう。

だが、A兄ィは不満を口にしているわけではない。B幹部にしてみれば、A兄ィの感謝の表し方が期待より小さいからといって不快な顔を見せたのでは、ケツの穴が小さいということになる。そこで、**なんとか自分の期待感を満たしたいとムキになるのが人間心理。**

「で、これは俺の気持ちだ」

B幹部が百万円を上積みして渡したところで、

「気を使わせて悪いな」

A兄ィは笑顔を見せ、B幹部の期待感をきっちり満たし、必要額の五百万円に百万円を加えて六百万円を引っ張ったのである。

優秀で神経の図太い営業マンは、このヤクザ式で臨む。たとえば食品加工会社の仕入れ担当である若手のM君。一円でも安く仕入れるため、食材の買い付けで丁々発止の単価交渉をするのだが、

「もう少しなんとかなりませんかねぇ」

と生産農家を訪ね、モミ手でお願いする。三パーセントの単価ダウンが目標で、四パーセントなら万々歳だが、**自分からは数字を口にしない**。数字を明かすとそれをめぐっての攻防になり、三パーセント以上の値引きは難しくなる。だから、**ひたすら「値引きをお願いします」で攻めていく**。

「そうだねぇ」

生産農家のオヤジさんが情にほだされ、

「わかった。今後のおつきあいを考えて、四パーセントの値引きでどうかね」

「ありがとうございます！」

M君が大喜びして交渉成立——となるはずが、

「もうひと声、お願いします！」

図太く頭を下げたのである。

オヤジさんにしてみれば大感謝されると思った値引きであるにもかかわらず、「もうひと声！」とプッシュされたのだ。

「じゃ、この取引はなし」

とはならないのが人間心理。**一歩譲歩すれば、二歩目の抵抗感は小さくなる。しかも、感謝されていい気分に浸りたいという思いが潜在的にある。**

「しょうがないな。特別に五パーセント」

ここで初めて、

「大感謝です！」

M君が満面の笑みでお礼を言い、オヤジさんをいい気分にさせたのである。

自分にとって都合のいい話や条件は、「考えさせてくれ」と言って、あえて飛びつかない。

これもまた図太さのひとつなのだ。

19　途中で異を挟む「会話の腰折り法」

「ちょっと待った！」

話の腰を折るのは、チンピラがインネンをつけるときの得意芸である。

「ですから、話を最後まで聞いてくださいよ」

「バカ野郎！　最後も何もあるかよ。そんな話、俺は絶対に納得しねぇぜ」

こうして攻めていく。

狙いは「この人、うるさい人」という演出。フツーの条件では納得してくれないと相手が思ってくれれば、交渉で有利になる。つまり、「ちょっと待った！」は〝図太さ演出〟の常套句《じょうとうく》と思っていいだろう。

たとえば、こんなふうになる。

「カネ、返済せんかい！」

「実は知人にカネを貸してありまして、それが月末に……」

「ちょっと待った！　てめぇの入金のことなんか、ウチには関係ねぇんだ」

「ですから月末に」

「バカ野郎！　いますぐ返済《つめ》ろって言ってるだろ！」

こうやって相手を追い込んでいく。「自分は知人にカネを貸している→月末に返済される→それを返済する→だからそれまで待ってほしい」という話の組み立てにイチャモンをつけるのだ。黙って聞いてしまうと、「必ず返済できる＝待ってほしい」という相手のペースになってしまう。だから、そうならないよう**話の腰を折り、攻め立て、存在感を存分に見せつけておいて、たとえば利息の追加など条件をつり上げていくというわけである。**

ビジネス交渉も同様だ。

（この人、うるさ型）

と思わせる図太い処し方は、決して難しいことではない。相手の話を最後まで聞かず、その都度、「ちょっと待った！」と異を挟めばいいのだ。

「納期ですが、七月に弊社で販促キャンペーンを企画しているので……」

「ちょっと待ってください。納期の話をする前に、製作日程が先かと存じますが」

ケンカが目的ではなく、「図太い相手」と思わせるのが目的なので、あくまで丁重に、紳士的に、感情論にならないように「ちょっと待った！」をやる。

「ですから、まず全体のスケジュールをお話しし、そのうえで個々について詰めていければと思いますが」

「おっしゃることはもちろんわかりますが、総論は各論の上にあるものとするなら、やはり各論から詰めたいと存じますが」

ニワトリが先か卵が先かにもっていけば、「こいつ、ひと筋縄ではいかない」と相手は慎重に構え、ゴリ押しはしなくなる。

「とにかく最後まで聞いてくださいよ」

と反撃してきたら、

「前提の一つひとつがクリアできなければ話を前に進めることはできないじゃないですか」

と切り返せばよい。

言葉のやりとりで相手と険悪な関係になるのを恐れるなら、笑みを絶やさず、「私は話をまとめたい」という姿勢で臨めばいいのだ。

20 自慢を装う「失敗談の吹聴《ふいちょう》」

自慢話は誰だってしたい。

「へぇ、たいした人だ」

と感心されたい。

だから話を盛る。

「こう見えても、若いころは血の気が多くてね。社長相手にガンガンやったもんさ」

と年配者の思い出話の多くは誇張される。悪気はもちろんなく、人間心理としてそうしたくなるのだ。「自慢は、自分が自分でいるための存在意義の確認である」と理屈をこねなくとも、**自慢話は誰だってしたいし、感心されれば嬉しいものなのである。**

ことにヤクザには自慢話はつきものだ。男気を売るのが彼らの稼業である以上、自慢話は勲章であり、足跡である。となれば、自慢話のひとつとしてないヤクザは、ヤクザとして人生をまっとうしていないという論理になる。

だから自慢話をするのはいい。問題は語り方である。これを間違えると、話半分として聞き流されたり、激しい嫉妬を誘発して悪口に転じたりするので要注意。**ヤクザも一流と三流の差は、自慢話の語り方にある。**

たとえば〝枝《えだ》〟（下部組織）の若い衆であるT組員は、本家の若頭と同じ村の出身ということで目をかけられていた。

それを自慢したくて、

「わし、本家の若頭《カシラ》に可愛がられてんだぜ」

と吹聴した。

周囲の反応はどうか。

悪口である。

「なんだ、あの野郎」

「同郷だってことを鼻にかけやがって」

嫉妬は悪口に転じるのが常で、T君は総スカンを食うことになった。

一方、別組織の組員で、本部長と遠縁にあたるM君がいる。**どこの世界でも〝後ろ盾〟は有形無形の大きな力になる。**M君としても本部長との関係を吹聴したいが、

「俺、可愛がられてるんだ」

と言ったのでは周囲の反発を招くことを聡明な彼はわかっている。

だから、こう言った。

「まいったよ、本部長に怒鳴りつけられたんだ」

ガックリと肩を落とせば、

「おまえ、何をやらかしたんだ」

と周囲は面白がる。

「口のきき方。なってないって、すげぇ怒られた」

「そいつは気の毒に」

と笑いを噛み殺したリアクションが返ってくる。同僚のドジは〝蜜の味〟で、この話はまたたく間に拡散していくのだが、同時に「Mは本部長の遠縁にあたる」という事実もまた付随して周囲に刷り込まれ、一目置かれることになっていくのだ。

自慢話を盛って話す人間は図太いように見えるが、人間心理に無頓着なだけ。**本当に図太い人間は、失敗談に自慢を隠して吹聴するのだ。**

「俺、一カ月の小遣いが二十万円なんだ」

と言えば、それが本当であっても、

（ウソつけ）

と思われて「嫌なヤツ」ということになってしまう。

では、こう言ったらどうか。

「財布、落としてさ。二十万円入っていたのに、今月はラーメンも食えないよ」

周囲は気の毒がってはみせるが、内心では面白がっている。

「○○のヤツ、二十万円が入った財布を落として、ラーメンも食えないんだってさ」

「間抜けだねぇ」

失敗談は誇張して拡散していくもので、二十万円がやがて三十万円、五十万円にエスカレートしていくが、これを聞いた人たちの脳裏に「大金を持ち歩いている＝あいつ、金持ち」のイメージが刷り込まれていくのだ。**自分を笑いものにすることで、しっかり自慢する。これもまた図太さなのである。**

第4章

ヤクザ式「交渉を制する」心理術

21 交渉を制する基本は「図太さ」

ご近所の国の「将軍様」は図太い。

好き嫌いは別として、金正恩の図太さに異論を挟む人はいないだろう。国際社会の非難も馬耳東風。核放棄を約束しておきながら言を左右にして居直り、存在感を見せつけている。小国であろうとも、国際社会が手を焼くということにおいて、**「絶対に退《ひ》かない」という図太さは、核ミサイル以上の力を持つということになる。**

ヤクザも同じだ。彼らの怖さは「退かない」にある。路上のケンカひとつとっても、勝つまで退かない。今日負けても、明日もあれば明後日もある、来月も、来年も、それこそ死ぬまで時間はあり、必ず決着をつけようとする。だから**ヤクザとケンカするとヤバイし、ヤバイと敬遠されることが、彼らの力と恐怖の源泉でもある。**

掛け合い（談判）も同じだ。

「あいつ退かねぇからな」

と思われるだけで交渉は有利に働く。ヤクザを称して「執念深い」と揶揄《やゆ》したりするが、

彼らは性格的に執念深いと言うよりも、ネバー・ギブアップという処し方と図太さを武器としているのだ。


大手組織三次団体の某幹部は、あちこちから取り立ての依頼が引きも切らない。回収率が高いからである。どういう方法で追い込むのか、参考までに会って話を聞くと、

「秘訣《ひけつ》なんてありませんよ。回収できるまで足を運ぶ。それだけです」

と言って笑ってから、

「取り立てるまで何度も押しかけるということは、極論すれば、返済しない限り死ぬまで追い込むということです。相手の立場になってみたら、どんな気持ちがしますか？　なんとか返済して、取り立てから解放されたいと思いませんか？」

返済しない限り死ぬまで追い込まれる、という恐怖感をいかに相手に抱かせるかがポイントになるというわけだ。

そのためには毎日押しかける。二週間、長くて三週間も続ければ、

(返済するまで来られる！)

と勝手に恐怖するのだと、この幹部氏は言う。

ビジネスにおける交渉も同じで、「わかった」と言って初めて妥結する。言い換えれば、

「わかった」と返事しない限り、話はまとまらないということになる。

「この価格でいかかでしょう」

「ちょっと高いですな」

「じゃ、五パーセント値引きということでいかがですか?」

「もう少し考えさせてください」

これを何度か繰り返せば、相手はイラ立って、

「今日でまとまらなければ、この話は白紙にさせていただきます」

と最後通牒《つうちょう》を突きつけて事態の打開を図ってくる。

そのときは、こう言うのだ。

「私は膝詰めでもっと話し合いたいのですが、あなたが打ち切るとおっしゃるのならやむを得ません」

交渉決裂は、あなたが打ち切ったことに責任があると図太くダメを押せば、相手は社内的に責任を取りたくないため、必ず妥協案を出してくるものなのだ。

「ネバー・ギブアップ」というビジネスの金言を、精神論だと思ったら大間違い。これは交渉のノウハウそのものであり、ヤクザ式のことを言うのだ。

22 事前に決めて臨む「顔の表情」

「人間、明るくなければ、蛾《が》も蝶もやってこない」

ガッツ石松《いしまつ》さんの名言である。

誘蛾灯《ゆうがとう》を引き合いに出して、

「明るいから虫たちが群がってくるんだね。それと同じで、運も人も、明るい人間に寄ってくるんだ」

仕事でご一緒したとき、ガッツさんはそんなことを言った。

だから自分が「ＯＫ牧場《ぼくじょう》」と言って喜んでくれるならそうするし、バナナ囓《かじ》って笑ってくれるならそうする。みんなが喜んでくれるならその期待に応えるのもいいかな、と思ってやっているのだそうだ。極貧の中で育ち、辛酸を舐《な》め、そしてプロボクサーとして世界の頂点に立ち、引退後は人気タレントとしても活躍するガッツさんの、これは経験則なのだろう。

実際、人間関係の基本は「笑顔」である。かのディール・カーネギーの著書『人を動かす』（邦訳・創元社《そうげんしゃ》）に、こんな記述がある。

《むかしの中国人は賢明だった。処世の道にきわめて長じていた。そのことわざに、こういう味わい深いものがある——

「笑顔を見せない人間は、商人にはなれない」。

笑顔は好意のメッセンジャーだ。受け取る人々の生活を明るくする。しかめっ面、ふくれっ面、それに、わざと顔をそむけるような人々のなかで、あなたの笑顔は雲のあいだからあらわれた太陽のように見えるものだ》

そしてカーネギーは、「人に好かれる六原則」のひとつに「笑顔」を入れ、

「笑顔を忘れるな」

と説くのである。

あるいは禅語に「嗔《いか》れる拳《こぶし》も笑面《しょうめん》に当《あ》たらず」という言葉がある。「怒って拳を振り上げてきても笑顔の前では撃つことはできない」という意味から転じて、争うことの愚かさを説く。なるほど攻めてくる相手に対しては、反論や反撃よりも、やさしく接したほうが良策ということもある。

だが、ヤクザはどうか。

知人に会えば頬をほころばせはしても、ニコニコ笑顔で他人に接する兄ィは、まずいない。**「笑顔」でいれば「嗔れる拳」は当たらないかもしれないが、ナメられてヤクザとしてはメシの食い上げになってしまう。**「人間関係において笑顔は大事」というのは普遍的な意味を持つわけではないのだ。

第1章で紹介したように、ヤクザも駆け出しは鏡に映る自分の顔を「一般市民の目」で見る。派手なスーツを着てズボンのポケットに手を突っ込み、眉間にシワを寄せ、ちょっと斜《しゃ》に構えて、

（これでビビるか？）

と確認する。

私は僧籍にあるが、僧侶が衣を着たときは、自然と抹香《まっこう》臭い雰囲気が漂うように気を配っている。芸能人は常に周囲の目を意識して服装を選び、ポーズを決める。かのレディー・ガガだって、「世間の目」で自分を見て演出しているからこそ、あの奇抜なファッションが耳目を集め、ニュースになるのだ。

ビジネスマンも、仕事ができる人間は「他人の目」で自分を見る。クライアントに接するときはダークスーツを着て、話し方もセンテンスを短く切り、ときに軽い笑みを見せな

がらテキパキと話していく。厳しい条件を切り出すときはニコリともしないし、部下を連れて盛り場に繰り出すときは一転、笑顔で下ネタを連発し、「話のわかる上司」になる。**どの世界でも、一端《いっぱし》の人間は自分の立場、場所、相手、目的によって、意識して自分を演出しているのだ。**

人は「どう見られているか」ということには神経質になるが、「どう見せるか」ということを考えている人は少ない。「どう見せるか」という視点がなければ、相手の一方的評価になってしまい、不利益を被ることにもなってしまう。

「行動力のある人間」という評価をされたければ早口でしゃべり、返事は短くキビキビとし、所作を俊敏にする。「思慮深い人間」という評価をされたければ、その逆をやればいい。「楽しい人間」であれば声を大きく、いつも冗談を口にしていればよい。そして**「図太い人間」に見られたければ、自分の目で見て「あの人、図太い」と思う人間を参考にし、真似《まね》をすればいいのだ。**

23 図太く掲げてみせる「錦の御旗」

図太さの対極にあるのが「言い訳」である。

堂々とした態度の言い訳は一見、図太く見えるかもしれないが、それは大間違い。どういう言い方をしようとも、言い訳を口にしたら必ず攻め込まれ、進退谷《きわ》まることになる。**本当に図太い男は、言い訳などスルーして、局面の打開を図るのだ。**

関東某県で、R一家の縄張内《シマうち》にキャバクラが新規開店し、若手のO組員がミカジメの話をしてくるよう本部長から命じられたときのこと。

勇躍乗り込んだところが、

「当局から厳しいお達しがありまして、はい」

慇懃《いんぎん》に断られ、O組員が事務所に帰ってきて報告すると、

「バカ野郎！　それでヤクザが務まるのか！」

本部長に怒鳴りつけられた。

気の弱い組員であれば、

「脅すとヤバイっスよ」

オロオロと言い訳するだろうし、弁の立つ組員なら、

「バクられるのはいいとしても、これを口実に事務所にガサでもかけられたら〝ヤブ蛇〟になっちまいますよ」

と説得することで自身の正当化を図るだろうが、どちらも〝火に油〟。なぜなら、本部長が怒っているのは「ミカジメを取りに行かせた↓手ぶらで帰って来た」という一点であり、「脅すとヤバイ」「ガサでもかけられたら」はそれに付随することであって、怒りの真因ではないからだ。

だから何を言っても言い訳になる。言い訳の本質は「自分は間違っていない」という主張であるため、本部長はますますいきり立つ。この項の冒頭で「言い訳すれば必ず攻め込まれる」と書いたのは、そういう意味なのである。

O組員は、そんなヘタは打たない。言い訳も理屈もいっさい言わず、

「もう一度行かせてください」

と言った。「もう一度行かせてくれ」に対して、「もういい」であればこの件は終わり。「よし、行ってこい」となれば、話は次のステージに移っており、手ぶらで帰ったことは不

問ということになる。

「もう一度行かせてください」と言って頭を下げるのは殊勝に見えて、実は図太い処し方であることがおわかりいただけるだろう。

二度目に行けば、一度目より過激になることは目に見えている。怒りの嵐が過ぎれば、本部長も冷静になる。

「ま、いいだろう。しばらく様子見にしておけ」

ということで一件落着。「行く」に対して本部長が止めたわけだから、O組員に責任はないだけでなく、「もう一度行かせてください」と言ったファイティングポーズはしっかり評価されることになる。

もし、「よし、行ってこい！」ということになれば腹をくくる。これはビジネスにおいても同じこと。**図太さの演出にはリスクはつきものだし、リスクを冒すだけのリターンは確実にあるのだ。**

24 不得手な話題は「図太くリアクション」

若手フリーライターであるJ君の守備範囲は広い。政治から経済、フーゾク、社会ネタまでなんでもこなす。

「得意な分野？　ありません」

とアッケラカンと言う。無邪気と図太さは紙一重のところがあるが、取材して原稿を書いているのだから、やはり神経は図太いのだろうと思っていたら違った。

「実は僕、気が小さいんです」

初めて酒席を共にしたとき、J君がそう打ち明けた。取材相手が誰であれ、**気さくにインタビューしているように見えるが、本当は口ベタで、ライターとして生き残るため必死に図太さを演出しているのだと言う。**

自分の小心さにショックを受けたのは、この世界に入ってまもない五年前、ＩＴ関連の若手経営者を取材したときのことだと言う。

名刺交換をし、浅黒く日焼けした若手経営者の顔を見て、

「ゴルフでいらっしゃいますか？」

と笑顔で切り出した。

話題は当然、取材を申し込んだ側から振るもので、趣味のゴルフから入れば相手も話しやすく、会話が弾むだろうと考えてのことだった。

ところが、

「ゴルフ？　トローリングですよ」

若手経営者は顔をしかめて言った。自分たち世代の起業家は、いまどき〝球打ち〟なんてヒマなことはやりませんよ——と、その顔に書いてあったと言うが、問題はこのあと。トローリングにまったく知識がないJ君は、言葉がつなげなかったのだと言う。

「あせりました。何か言わなくてはと思っても、何を言っていいのかわからず、頭の中は真っ白で」

気まずい沈黙。私もかつて週刊誌記者をやっていたのでJ君の気持ちはよくわかる。取材に限らず商談もデートもそうだが、それが一瞬であっても、沈黙ほど怖いものはない。まして「ゴルフですか？」と口火を切ったのだから、J君は狼狽《ろうばい》したことだろう。それでも、

「お生まれは東京でしたね」

取ってつけたような質問で、ぎくしゃくと取材は始まり、面白いエピソードを引き出すこともないまま終わってしまった。このとき、誰とでも会話できるような図太い人間になりたいと心底、思ったのだと言う。

で、どうしたか。

「会話本やコミュニケーション術の本を片っ端から読み漁《あさ》りましたし、自分なりに試行錯誤もしました。結論から言えば、**気のきいた会話や受け答えをしようと思うから緊張して、言葉につっかえてしまうということに気がついたんです**。ことに、自分がよく知らない分野の話題が出ると、あせってパニクってしまう。じゃ、受け答えをしようとするんじゃなく、聞き役に徹すればいいんじゃないかと考えたんです」

そう考えてから、気持ちがいっぺんに楽になり、どんな分野の人と会っても気後れしなくなったそうである。

「東京オリンピックを来年に控えて、中国の減速経済が日本の観光景気にどれだけ影響するだろうね」

経済人を取材していてこんな話題が出たとき、以前のJ君であれば、

「まったくですね。加えて消費増税がどう影響するか」

何か気のきいたことを言わなければ話が弾まないと思い、必死に言葉を探し、内心のあせりが顔に出てインタビューはうまくいかなかっただろう。

いまは違う。

「そうですか。東京オリンピックと中国の減速経済、観光景気は具体的にはどうリンクするんでしょうか」

堂々と問いかければ、

「それはだね」

と相手は気分よく得々と解説してくれるというわけだ。

「私は無知を逆手に取っているだけで、決して図太い性格じゃないんです」

とJ君は語るが、あらゆる分野の取材をこなすJ君は、編集者たちからすれば、まぎれもなく図太い人間に見えるため、仕事の依頼は引きも切らないというわけだ。

ヤクザもワケ知り顔をするのは二流。ちょっと話せば底の浅さがわかるため逆効果になる。だから一流は、そんな愚かな対応はしない。

「そのことについちゃ、よく知らないので説明してもらえますか」

と堂々と口にする。「知らない」は自分を大きく見せる武器でもあるのだ。

25 堂々と広げる「大風呂敷」

「おのれ、六甲へ埋めたろか！」

極道に脅されれば、善良なる市民は震え上がる。

「この商談、まとめてみせます」

自信満々に言われれば期待をする。

「埋めたろか！」

「まとめてみせます」

と本人が言っているだけで根拠はない。ハッタリかもしれないし、出まかせかもしれない。だが、そうと疑いながらも、

（ひょっとして）

と不安になったり期待を抱いたりするのが人間心理。ハッタリのことを「大風呂敷」とも言うが、**大風呂敷を広げる言葉そのものではなく、それを広げてみせるだけの図太い神経に気持ちが動くのだ。**

小心な言葉と比べればすぐわかる。

「わし、ケンカでけへんのや」

「商談、自信ないですね」

これではビビる人間もいなければ、仕事をまかせてみようと思う人間もいないだろう。図太い神経の持ち主だから大風呂敷を広げるのではない。大風呂敷を広げるから図太く見え、その結果が人物評価につながっていくのだ。

人物評価どころか、ハッタリで一国を救った例もある。中国の戦国時代――。魏《ぎ》が不意を突いて呉《ご》に侵攻したため、呉の陣営が大混乱に陥ったときのこと。呉の武将・徐盛《じょせい》は、陣の近くの森に張りぼてで大きな砦《とりで》をつくり、軍旗を立てた。兵はひとりもいない。架空の陣をつくり、大軍が布陣しているように装ったのである。それを見て魏軍は撤退。徐盛は国難を救って一躍勇名を馳《は》せることになる。この故事から「無《む》中《ちゅう》に有《ゆう》を生ず」という計略が生まれるのだ。

とはいえ、これまで言葉に保険をかけるようにしてきた人が、いきなりハッタリをかましたり大風呂敷を広げたりするのはハードルが高いだろう。**手始めに夢を語ってみせるのがいい。**

「売り上げナンバーワンを目指す」

「将来は起業して一国一城のあるじになる」

なんだっていい。大風呂敷を目いっぱい広げてみせるだけで、間違いなく、周囲は一目置く。

「自民党をブッ壊す！」

と小泉純一郎《こいずみじゅんいちろう》元総理。

沖縄の普天間《ふてんま》基地移設について、

「最低でも県外！」

とブチ上げた鳩山由紀夫《はとやまゆきお》元総理。

「命なんかいらねぇ！」

とヤクザは鬼の形相を見せ、企業の経営者は「社員は財産」と公言。そしてビジネスマンは「このプロジェクト、必ず成功させます」と大ミエを切って上司を手玉に取る。**小心なことを言えば過小評価され、大風呂敷を広げれば図太いと過大評価される。ならば、ちょっとした工夫と態度で過大評価されるべきなのだ。**

26 相手を混乱させる「図太い態度」

図太く見られたいなら、ビジネス本に説く「マナー」を逆手に取ればよい。

たとえば、相手先の会社を訪ねて応接室に通されたときのマナー。ビジネス本は勝手に好きな席に座るのではなく、

「さっ、どうぞ。お座りになってお待ちください」

という案内嬢のすすめに従って席について待て、と説く。

ひらたく言えば、「ここに座れ」という指示に従えということだ。あなたが一介の出入り業者で、応対するのが部長ということになれば下座《しもざ》を指示される。逆の立場であれば、あなたは上座《かみざ》ということになる。**どこに座るかは、立場の上下と力関係が決めるということで、これに留意しろというわけだ。**

だからヤクザはカタギの会社に乗り込むとき、「マナー」の逆をやる。応接室に通されるとズカズカと上座の席に向かい、ドーンと座って肩をそびやかして待つ。間違っても入り口近くの下座でかしこまることはない。この態度を見て、容易ならざる人物であることを

相手に悟らせるのだ。

相手が待っている部屋にヤクザが乗り込むときは、席の上下にこだわらず、相手の真正面にどっかと座る。これは「マナー違反」と言うよりも、交渉では避けるべき席の位置だとする。正対すれば視線が絡みやすくなり、相手の目を見て会話をするのは日本人にはなじまないため、無意識に緊張感が高まる。正対は必然的に対決姿勢になってしまうというわけである。

だからビジネス本は、やむなく正対した場合は、「相手の肩のあたりに視線を置いて話せ」と説く。

言い換えれば、ヤクザはあえて正対して座ることで、

「ヤワな掛け合い（談判）に来たわけじゃねぇぜ」

と言外に威嚇する。

「てめぇ、この野郎！」

と声を荒らげずとも、**図太さは座る席の位置ひとつで相手に伝わるのだ。**

こう書くと、

「マナーも知らないのかと軽蔑され、マイナス効果になるのではないか」

と懸念する人がいるが、それは杞憂《きゆう》。

（おや？）

と相手がいぶかるのは名刺交換までで、そのときはすでに「容易ならざる相手」という刷り込みがなされ、それを前提に会話していくのが人間心理。**人間関係をまず制しておいて会話をリードし、別れるときになって、**

（話のわかる人だな）

と相手に思わせればいいのだ。

ヤクザは交渉がまとまるまでは怖い顔でガンガン追い込むが、満足のいく結果が得られれば一転、笑顔を見せ、

「お宅が憎くて攻めたわけじゃないんだ。こっちにも立場というものがあるんでね。そこのところはわかってほしい」

「はい、それはもうよく承知しております」

「わかってくれりゃいい。ま、これを縁に、いいつきあいを頼むよ」

ハッピーエンドにもっていけば警察に駆け込むことはないし、新たな関係を構築することもできるのだ。

ビジネス社会も同じ。「雨降って地固まる」のたとえがあるように、「正直言って、初対面のときの図太い態度を見て、〝この人、何者？〟と警戒したもんですよ」

人間関係は、あとでいくらでも笑い話になるようにもっていける。**大事なのは、初対面でどっちが人間関係の先手を取るかなのだ。**

「で、どちらでお目にかかりましょうか？」

相手が言ったら、

「申し訳ありませんが、こちらにご足労願えますか」

堂々と、厚かましく、そして図太く言えばよいのだ。ビジネスパートナーは和気藹々であるべきだが、友達ではない。いかに成果を出すか。この視点から考えれば、図太さもまた違った一面が見えてくるはずだ。

27 目上に一目置かせる「ノーの図太さ」

部下が自分の意見に「ノー」を口にすると、上司はたちまち不機嫌になる。

これが人間の感情である。

「耳に痛いことを言ってくれる部下は大事」

というのは建て前であって、熟慮の結果にノーを言われて嬉しくなる上司はいない。

「私はこう思っているんだが、キミはどうだ？」

部下に対する問いかけは、意見を訊いているように見えて、実際は「イエス」を求めている。「どうだろう」はワンマンを避けるポーズであって、

「そりゃ、マズイと思います」

率直に意見を言うと、

「じゃ、対案を出したまえ」

ムッとした顔で言うのだ。

「どうだろう」

「大賛成です！」

「そうか」

と顔をほころばせるのが上司であり、理屈を超えた感情なのである。

ヤクザ社会に「ノー」の返答は存在しない。

「殺《や》れ」

「はい」

返事は常に打てば響くのイエスのみであって、

「いま殺るのはマズイんじゃないっスか」

とでも言おうものなら、

「おのれ、親分《おや》に意見するのか」

怒りに顔が歪《ゆが》むことになる。

だが、唯々諾々と命令に従い、なんでもイエスの返事をする若い衆は、ご主人様に尻尾を振る〝飼い犬〟と同じで、一目置かれることは絶対にない。イエス、イエスと尻尾を振っているうちに貧乏クジを引かされ、詰め腹を切らされるのがこのタイプなのだ。

だから、**ときたま図太くノーを言わなければならない。ノーを言うことによって存在感は**

確実に高まる。だが、ノーを言えば上の人間の機嫌を損ねてしまう。二律背反。どうするか。**ノーを言わずしてノーを言うのだ。**知っておくべきは、上の人間がノーに対してムッとする理由は自分の考えを否定されることにある。否定されなければ、下の人間のノーはありなのだ。

「おう、事務所に拳銃《チャカ》撃ち込んだらんかい」

関西P組の親分がU幹部に命じたときのことだ。

「だけど親分《オヤジ》、いまやると、ウチの仕業やいうて、すぐわかりますぜ」

とU幹部が異を唱えたとしたら、

「そんなことわかっとるわい！」

親分は烈火のごとく怒るだろう。

U幹部はこう言った。

「名案でんな。向こう、ビビりまくりますわ」

イエスの返事でよいしょしておいてから、

「だけど親分《オヤジ》、いまやると、ウチの仕業やいうて、バレまへんやろか」

問いかけというスタイルで婉曲《えんきょく》に異を唱え、判断を親分にまかせることで顔を立てたの

である。

「それもそやな」

ということになり、もう少し様子見ることになった次第。

「私はこう思っているんだが、キミはどうだ？」

「なるほど、それは名案ですね」

上司の考えに賛同し、顔を立てておいて、

「しかし」

と **〝前向きの懸念〟を口にして判断を投げ返せばいいのだ。**

同じ「ノー」であっても、人間心理にうとい者は上司の神経をヤスリで逆なでし、長けた者は羽毛を用いる。だから逆なでしても上司は心地よい。ヤスリを用いる人間よりも神経は図太いのだ。

28 相手の譲歩に図太くつけ入る「条件闘争」

おカネを知人に借りるときに提示する条件は、三つ。

金額、利息、そして返済期日である。

これに相手が納得して初めておカネを貸してくれることになるが、提示の仕方によってうまくもいけば、拒否もされるのだ。

まず、拙劣な言い方。

「百万貸してくれないか。利息はなしで頼むよ。返済は、あるとき払いの催促なしでどうだろう」

「わかった」

と返事する人間はいない。

こういう借り方は厚かましいかノーテンキなだけで、「図太い」とは違う。**図太い人間は、押しを強くして実利をものにしつつも、決して嫌われる言動はしない。**ヤクザも人間心理に通じたキレ者は、このあたりの呼吸が見事だ。

先の例で言えば、こんな借り方をする。

「三百万ほど貸してくれないか」

無理な金額をポーンとぶつける。

「持ち合わせがないんだ」

「いくらならいい？」

ゼロ回答はしにくいもので、

「そうだな、百万くらいなら」

「じゃ、それで頼むよ」

「わかった」

まず、イエスをひとつ引き出しておいてから、

「で、利息だけど、今回は泣いてくれないか？　俺もいろいろあってよ。埋め合わせは必ずするから」

「わかった」

「で、期日だけど、できるだけ早く返済《つめ》るってことで納得してくれないか？」

ここまでくれば、返事は「わかった」になる。

このテクニックを心理学では「フット・イン・ザ・ドア」と呼ぶ。まず小さな頼みごとでOKの返事をさせておいて、徐々に大きな頼みごとを承諾させていくという手法だ。ドアを閉められないように、まずつま先を差し込んでおいて、中に入っていくことから「フット・イン・ザ・ドア」と呼ぶ。段階的要請法とも言われる。なぜ、そういうことが可能になるかと言えば、人間は一度決心した言動に対して、それを貫きたいという心理が働くからで、これを「一貫性の原理」と言う。

ヤクザ諸氏はこの心理術を経験則で知っているのだ。「小さな頼みごと」とはイエスの返事をしやすいということで、**一度イエスと返事した事案に対して、人間は心理的に途中でノーを言いにくくなる。**この心理を利用して相手を押していくのが図太い交渉術で、有能なビジネスマンの得意芸なのだ。

石原《いしはら》プロの故小林正彦《こばやしまさひこ》氏は「コマサ」と呼ばれ、同プロを切り盛りした大番頭としてよく知られている。彼の押しの強さは〝図太い交渉術〟の伝説として語られる。たとえば、人気番組だった『西部警察』（テレビ朝日《あさひ》系）パートⅡでは大々的な地方ロケが行われて話題を集めたが、その中でも広島ロケは路面電車を使ったカーチェイスや路面電車の爆破シーンなど、その派手さはテレビ史に特筆されている。

このとき広島電鉄と交渉したのがコマサで、こんなやりとりだったと言われる。

「アクションドラマですから、電車の窓の一枚も割ってしまうかもしれません」

コマサが切り出し、

「どうぞ」

と相手が応じる。

「廃車予定の車両とかありませんか？　そちらを借りれば、ご迷惑になりませんよね？」

「どうぞどうぞ」

「どうせ廃車にするなら、私どもが爆破しても構いませんよね？」

こうして路面電車の爆破シーンが生まれるのだ。

条件交渉では、手札を相手に見せないでおいて少しずつ小出しにし、「イエス、イエス」を引き出していくのが図太い交渉術なのである。

第5章

ヤクザ式「ピンチを逆転する」心理術

29 ヤバイと思ったら「ちゃぶ台返し」

進退谷《きわ》まったらケツをまくる。

これが図太い男の処し方だ。

別名を「ちゃぶ台返し」と言う。本来の意味は頭にきて食事の途中でちゃぶ台をひっくり返すことから転じて、「これまでの話をひっくり返して振り出しに戻す」という意味になる。**いま風に言えば「逆ギレ」というやつで、旗色が悪く、劣勢になったときに用いるヤクザの得意芸のひとつでもある。**

実際にどんな劣勢になっても、プロレスのように〝場外乱闘〟に持ち込めば場外ドロー。「負け」はなく、イーブンになる。レフェリーがカウントを数えるまでに、自分だけ大急ぎでリングに戻れば「勝ち」にもなる。

ところが多くの人は〝場外乱闘〟に持ち込む図太さがないため、リング上だけで戦おうとする。正々堂々も結構だが、相手が強ければたちまちフォール負けしてしまうのだ。

広域組織三次団体のP組員が、キャバクラ経営者から競合するフィリピンパブをつぶしてほしいと依頼を受けたときのことだ。暴対法に暴排条例で、もし事件になったときにP組員はヤバイ。組に迷惑をかけることにでもなれば困った立場になる。

で、日ごろから可愛がっている半グレを使うことにして、

「四人ほど店に行かせるぜ。一、二週間も通わせりゃ店も音《ね》を上げるだろう。謝礼はそうだな、経費別で百万ほど投げてやってくれればいい」

そして、これとは別にP組員には二百万円を払うことになった。

で、半グレ四人は毎晩店に通って、他の客にケンカを売るわ、ホステスを丸裸にするわのやりたい放題で、店からの一一〇番でパトカーが急行。たちまち客足が遠のいてしまい、店はクローズすることになった。

キャバクラ経営者がP組員にお礼の一席を設け、

「これ、あなた様に二百万円の謝礼。それから若い人に百万。経費として五十万をつけてあります」

と言って封筒を差し出したところが、中を改めたP組長が険しい顔で言った。

「足りねぇじゃねぇか」

「ハッ？」

「若い連中に百万ほど投げてやれと言ったはずだぜ」

「で、ですから、百万を……」

「バカ野郎、ひとり百万、四人で四百万だろ！　百万しか入ってねぇじゃねぇか。ナメた真似しやがると、てめぇの店をブッつぶすぞ！」

ここでキャバクラ経営者は事態を悟ったのだと、後日、私にボヤくのである。

「この件で、Ｐさんは幹部に謝礼の半分を囓《かじ》られたらしいんですよ。予定したカネが入ってこないもんだから〝約束が違う！〟ってね。まとまっていた話を〝ちゃぶ台返し〟にしちゃったんですよ」

と言いつつも、

「でも、私にも落ち度はあるんですがね」

と半ば納得もしている。

結局、三百万円を追加で支払うのだが、ポイントは〝ちゃぶ台返し〟をされた経営者に被害者意識を持たせないで、「自分にも落ち度がある」と思わせていること。

「四人で百万円ですね」

と念を押していればなんの問題もないわけで、

「そうしなかった自分も悪い」

となれば、P組員を一方的に責めることはできなくなる。

項目10（52ページ）で「損をしてみせる」という〝図太さの変化球〟を紹介したが、ヤクザは「得をする」という最終目的のために、あえて損をしてみせれば、〝ちゃぶ台返し〟もするということなのだ。

言い換えれば、**窮地に陥ったときは「お宅にも落ち度がある」という理由を見つくろって、堂々と図太く〝ちゃぶ台返し〟にもっていけばいいということになる。**

この手法をビジネスで生かしたのが、健康サプリの営業部に在籍する知人のJ君だ。営業先の小売店で値引きを約束して売り込んだときのこと。帰社して報告すると、勝手なことをしたと上司に大目玉を食らった。そこへ先の小売店から五十ケースの注文。値引きで納品する約束をしている。窮地に陥った。

J君は小売店主に言った。

「値引きはできません」

「約束が違うじゃないか」

「確かに約束はしました。しかし、あなたは可能な限り大量に仕入れると言ったじゃないですか。五十ケースが大量ですか！」

店主にしてみれば、小売の規模から言って大量仕入れであったかもしれないが、J君はそこを突いて図太く〝ちゃぶ台返し〟にもっていったのである。

30 窮地で騒ぎ立てる「大声という武器」

絶体絶命の窮地に立ったら、大声で騒ぎ立てること。

この図太さが我が身を救うのだ。

私にこんな経験がある。週刊誌記者として駆け出し時代、若手人気女優のA子が男と同《どう》棲《せい》していたというタレコミが編集部にもたらされたときのこと。私が取材を担当し、周辺取材をしたが、確証が得られなかったため、A子を直撃することにした。スケジュールを調べ、テレビ局でドラマのリハーサル中だったA子をスタジオの入り口で張り込んだのである。

休憩時間になって、台本片手にA子が出てくる。

「A子さん。同棲していたことについて話を聞きたい」

社名を名乗って切り出したところが、

「キャーッ、痴漢！」

いきなり大声で叫んだのである。

スタジオから、控え室から、人がドドドドッと飛び出してきて、「あの野郎だ！」と口々に叫びながら私を取り囲んだ。

「違う。痴漢なんかじゃない。取材だ！」

と言ったところで誰も聞く耳は持たず、私は駆けつけたガードマンたちに警備室に〝連行〟されてしまったのである。ガードマンが編集部に連絡を取って身元確認をしたうえで放免されるのだが、結局、A子のコメントは取れず、記事はボツになってしまった。

私はこのとき、怒るよりも感心していた。人気女優が局内で「痴漢！」と叫ぶ度胸もさることながら、**大騒動になったあとのことまで考えないで、目前の危機を回避することだけに徹する図太さに感心したのだった。**

のちにこの話をヤクザ兄ィに酒飲み話ですると、

「あのA子がねぇ。だけど、やり口はまんまヤクザだね」

と言って笑ったものだ。

ヤバイ事態を逆転するとき、ヤクザは大声で周囲の耳目を集めておいて、そのうえでケツをまくる。

都心ビルの高層階にあるレストランで私が食事していたときのことだ。一見してヤクザとわかる男が若い女を連れてやってきた。

「どうぞ、こちらへ」

とマネジャーが先導して奥まったテーブルへ案内しようとしたところが、

「窓際にしろ」

と顎をしゃくった。女連れの手前、夜景が見えない席ではメンツ丸つぶれになるとでも思ったのだろう。

「あちらは予約になっております」

マネジャーが慇懃に言ったところが、

「俺だって予約だぜ」

ヤクザの表情が険しくなった。

「そ、それが、お客様より先に予約をいただいていて……」

みなまで言わないうちに、

「てめぇ、客を差別するのか！」

一喝にマネジャーは狼狽し、

「い、いま、お席を」

あわてて窓際の席に案内したのである。

私たちは野次馬には喜んでなっても、野次馬を引き寄せる当事者にはなりたくない。だから自分が正しいかどうかにかかわらず、本能的にトラブルを避けようとする。ヤクザは図太くこの感情を狙い撃ちするのだ。

「私がここまでお願いしても耳を貸してくださらないのですか！」

言葉こそ丁重だが、訪ねた会社で大声を張り上げて訴えた営業マンがいたと、大声を出された当事者が私にボヤいたことがある。

「課員も上司も驚いて、何事が起きたのかと私を見ましてね。私はちっとも悪くないのにドギマギしちゃって、〝わかった、わかったから大声を出さないでくれ〟と、あわてて相手をなだめた。ヘンな話でしょう？」

ヘンな話じゃない。その営業マンはヤクザ式の図太さで迫っただけなのである。

31 拒絶に図太く食い下がる「一の効用」

ヤクザに頼みごとをされて断るのは至難のワザだ。一般市民はそういう経験はめったにないと思うが、ヤクザと多少とも関わりを持つ人は大きくうなずくに違いない。**断るとヤバイという心理的なプレッシャーが背後にあるのだが、では、なぜ「断るとヤバイ」と思ってしまうのか。ここに頼みごとをするときのノウハウがあるのだ。**

L会がパーティーを企画したときのことだ。「反社（反社会的団体）」の主催ではヤバイので表向きはダミー会社を立てているが、チケットは若い衆が知人に押しつけていく。で、中堅のS組員が知人の不動産会社へ行って、「社長、十枚ほどつきあってよ」と頼んだが、「このご時世、商売もなかなか厳しくてね。二枚だけおつきあいさせてもらいますよ」と渋面を見せた。シノギのためのパーティーなので一枚三万円もする。三十万円の出費が痛いことはS組員にもわかっているが、「ああ、そうですか」と引き下がるわけにはいかない。ノルマがあるため、売れ残ったら自分で被《かぶ》ることになってしまう。

S組員はこう言った。

「今回だけ、顔を立ててもらえないかい」

ここで社長が断るとどうなるか。「今回だけ」「顔を立ててくれ」と頼んでいるにもかかわらず、それを断るのは、「今回だけかどうか信用できない」「お宅の顔を立てる気はない」という理屈になる。

つまり、図式としてS組員はコケにされたことになり、

「なんだ、その態度は！」

と怒る口実を与えることになってしまう。「今回だけ」は実に巧妙なフレーズであることがおわかりいただけるだろう。

断るのはヤバイと察した社長は、

「わかりました。では今回限りということで」

やむなく十枚を引き受けざる得なくなったという次第。

これが「ヤクザ式・頼みごと」の一例であり、頼みごとをして図太く押し切るノウハウのひとつなのだが、社長は大事なことを見落としている。S組員の「頼みごと＝今回限り」は社長の錯覚であり、思い込みであるにすぎないということだ。

それから一カ月ほどして、S組員がやってきて言った。

「社長、土地を売りたがっている人間がいるんだ。社長が買ってくれるかどうかはともかく、いっぺん会ってやってくれないか」

チケットの話なら断れるが、今度は土地である。「一回だけでいい」と言っているのに断れば、S組員のメンツはつぶれてしまい、怒る口実を与えていることになる。

「じゃ、会うだけ会いましょう」

と社長は返事することになる。

そして、会ったその次は、

「社長、買わなくもいいから、いっぺん土地を見てやってくれないか」

図太く押し込んでいくのだ。**「今回だけ」「一回だけ」は頼みごとをするときの「魔法の言葉」であり、しかもエンドレスなのである。**

ビジネスマンでも押しの強い営業マンは、この手法を駆使する。

「一度だけ会っていただけませんか」

「今回だけ、弊社の商品を試していただけませんか」

「部長、一度、私を試してみていただけませんか」

頭を下げつつ、「一度」「一回」「今回だけ」と図太くノックすれば、〝開かずの扉〟でさえ開くのだ。

最悪は「懇願」。

「お願いします」

「これこのとおりです」

ひたすら懇願し、相手の情に訴えるのは逆効果なのだ。人間というヤツは、優越感を抱くとサディスティックになる。

「お願いされてもねぇ。お宅の商品、売れるの？」

「売れます！」

「お宅が言っているだけじゃないの」

「自信があります！」

最後は土下座までしながら、結局、冷たくノーを言われるのだ。

32 窮地で論点をすり替える「万華鏡の技術」

関西某市で、マンション工事の騒音がうるさいと、広域組織傘下にある地元D会の幹部が建設会社にイチャモンをつけたときのことだ。

暴対法に暴排条例という〝お上《かみ》〟に守られた支社長は、

「私どもは法律に則《のっと》って工事をしております」

と一歩も退《ひ》かなかった。ところが、

「アケミがよろしゅう言うとったで」

幹部が唐突に言った。

「ア、アケミというのは……」

「トボけんでもええがな。『キャバクラH』のナンバーワンやないか」

支社長の額に汗がにじみ、D会に〝迷惑料〟を支払うことになったという。「工事の騒音」と「アケミ」はなんの関係もないにもかかわらず、**「あれはあれ、これはこれ」と突っぱねられないところに人間の弱さがあり、この弱さを承知で論点を変えて攻めていくのも**

また図太さのひとつなのだ。

たとえば議会のヤジがそうだ。地方某市で不明朗な予算措置の疑惑について、「使途不明金ではないか！」

反主流派の議員が市長を攻めたときのことだ。

「フィリピンパブはどうした！」

主流派から質問議員にヤジが飛んだ。

「……し、しかるに、この予算措置を使途不明金とすれば」

「フィリピンパブも使途不明金だ！」

クスクスと笑いが起こり、質問議員の舌鋒《ぜっぽう》は鈍ってしまったという次第。「疑惑追及」と「フィリピンパブ」はなんの関係もないにもかかわらず、論点をすり替えた攻めに浮き足立たせれば本論は消し飛ぶことになる。

論点すり替え術は直接的なものだけでなく、次のような巧妙な手法もある。

「つきあい頼むよ」

新規オープンのキャバクラに、ミカジメの件で話しに行く。

「申し訳ありませんが、当局から厳しい指導がありまして」

経営者が警察を持ち出してかわそうとする。

「何が指導だ！」

ガツンとカマすのは二流のヤクザ。経営者は警察に駆け込むかもしれない。**一流は素早く論点をすり替える。**

「払いたくないってことかい？」

「そういう意味じゃなくて、当局が」

「てぇことは、警察《サツ》にバレなきゃいいんだろ？　お宅が黙る、ウチが黙るで、バレっこない。それでいいじゃないか」

本論は「ミカジメを払うかどうか」であるにもかかわらず、「バレる、バレない」に図太く論点をすり替え、「お宅が黙る、ウチが黙る」と攻められれば、断る論拠が崩れてしまうことになる。

健康食品営業マンのK君が、あと一歩で念願の今期売り上げナンバーワンになれそうなときだ。スーパーを回って商品の仕入れを増やしてくれるようお願いしたが、

「見てのとおり、陳列スペースがないんだ」

と言って断られた。

Ｋ君はどうしたか。

論点をすり替えた。

「陳列スペースが確保できれば、仕入れを増やしていただけますか？」

「そりゃ、まあ」

さっそくＫ君は売り場に行って陳列の工夫を提案。スペースを確保して仕入れを増やしてもらったのである。

「お宅の××組員、信用できるかい？」

Ｍ兄ィは知り合いからそう問われ、警戒信号がピッピッピッと鳴る。**「信用できる」と言えば、何かあったときに「あんたが信用できると言ったからだ」と責任《ケツ》が来る。**「信用できない」と言えば、それを理由に断り、××組員とＭ兄ィは険悪になってしまう。〝王手飛車取り〟の巧妙な問いかけに、Ｍ兄ィは論点をすり替え、こう切り返した。

「××組員のこと、好きじゃねぇのか？」

「いや、そういうわけじゃ」

「ならいいんだ。妙なこと訊くから、何かあるのかと思ったぜ。ところで――」

さっさと××組員の話を打ち切り、話題を転じたのだった。

ヤクザはお互い「すり替え術」のエキスパートなので、そばで聞いていると感心させられる。

「カネ貸してくれよ」

X組員が借金を申し込む。

「借りるのに、そんな言い方はないんじゃないか」

Y組員が論点をすり替えて断ろうとすれば、

「俺に土下座しろってのか」

X組員がさらに切り返し、

「そういうわけじゃ」

とY組員が一歩でも退けば、

「俺とあんたの仲じゃねぇか。気持ちよく貸してくれよ」

と攻めていく。

万華鏡は、手首をちょこっと動かすだけで模様が千変万化する。ああ言えばこう言うの図太いすり替え術はかくのごとし。

33 ヤバイ依頼は他人に振って「逃げるが勝ち」

人に頼まれごとをされ、

「まかせておきなさい！」

ゴリラのように胸をボンボコ叩くのは簡単だ。

うまくいけば「ちょろいもんですよ」と呵々大笑してもよし、「骨を折りました」と、いかに難しい案件であったかを得々と話して恩を売るのもいいだろう。

問題は失敗したとき。

「ごめん」

と、ただ謝ったのでは信用を落とす。ことにヤクザは「あの人、力ないね」という風評が立ったらおマンマの食い上げ。さりとて、できる案件ばかりを選んでいたのでは数が少なくなり、これもシノギに響いてくる。そもそもヤクザに依頼する案件は表社会のルールではうまくいかないか、時間がかかるものと相場は決まっているので、基本的に難しいものばかりなのである。

だから、まず引き受ける。胸をボンボコ叩く。それでうまくいかなければ、図太く「俺は悪くない」にもっていく。**問題は「俺は悪くない」と言って依頼者を納得させられるかどうか。ここに一流と二流の差がある。**

ゴミ屋敷問題について、

「なんとかなりませんかね」

と地元組織のP組長が、顔なじみの町会長から相談を受けたときのことだ。六十代の男性が独居する家がゴミ屋敷になっていて、異臭がするし、火事の心配もある。行政に陳情はしているが、私有財産権の問題が絡むなど、有効な手段が打てないでいた。そこで、ヤクザであり顔役でもあるP組長ならなんとか男性を説得してくれるのではないか、という期待感から相談に来たというわけだ。

「そりゃ、無理だわ」

とはもちろん言わない。

「わかりました。結果についてはともかく、骨を折ってみましょう」

と引き受けた。

いちおう、若い衆を行かせてみたが門前払い。そのうえで町会長に状況を報告してから、

「ドンパチなら簡単やけど、そうもいかんし、わしらが役所に乗り込むと警察《サツ》がうるさい。ここだけの話、息のかかった県会議員がおるので、ヤツを使って市長に圧力《アツ》をかけますわ」

「お手数をおかけします」

町会長は感激する。

で、P組長はどうしたか。

何もしない。

いや、私が知っているのはそこまで。息のかかった県会議員がいるのか、話をしたのか、議員が市長に圧力をかけたのか、私は知らない。私が目撃したのは後日、町会長を前にP組長がこう言ったことだ。県会議員の名前は秘匿して、「あの野郎」と言いながら、

「あの野郎、グズグズしてやがって、ケジメ取ってやろうかと思うてるんや」

「く、組長、事件になるようなことだけは」

町会長があわてる。

そして、さらに日にちが経ってから、

「あの野郎から連絡がきて、懇意にしている国会議員に頼んだということや」

さらに日にちが経って、

「どうなってんのか、あの野郎を怒鳴りつけたところや」

と町会長の前で声を荒らげた。

悪いのはあの野郎――県議ということにして、P組長は責任をスルーしたというのが私の見立てである。もちろん任侠道《にんきょうどう》を標榜《ひょうぼう》し、義理に殉じるヤクザもいるが、この業界も玉石混淆。**自分が傷つかぬように図太く世間を渡っている人間もいるのだ。**

「A社の契約、取れるか？」

上司に問われて、

「無理でしょう」

と営業マンが返事したのでは将来はない。

「取ってみせます。企画部にも手伝ってもらいます」

「よし！」

そして、**遅々として進展しなければ、**

「企画部は何やってるんでしょ！」

これが図太い人間の処し方なのである。

34 いざとなったら堂々と「善意の第三者」

友人に頼まれて借金返済の督促に行ったとする。

「来月末まで待ってもらえませんか？」

相手の懇願に対して、

「わかった」

と返事をするわけにはいかない。**返済の督促を頼まれて行っただけであって、返済期日について口にするのは越権行為である。言い換えれば、冷酷に突っぱねることができるということでもある。**

だから、ヤクザは取り立てで引かない。

「今日が期日やで」

「お願いします、もう少し待ってください」

「待ってやりたいけど、わし、依頼されて来とるだけや」

と、もの静かに攻めていくか、

「わしに言うて、どないするんや！」

恫喝するかは、ヤクザ諸兄が自分のキャラと相談して決めることだが、押しの強さの源泉は「自分は第三者である」という一点にある。「頼まれただけ」と言っても、成功謝礼を受け取るのだとすれば交渉の当事者でもあるのだが、ガンガン攻められると、気持ちが上ずってそこまで冷静にはなれないもので、

（この人に何を言ってもムダ。カネを工面するしかない）

と相手は観念することになる。

ビジネスマンも言いにくい案件は、この実戦心理術を応用して「善意の第三者」に我が身を置けばいいということになる。友人で編集企画会社を経営するN社長が、こんな話をしたことがある。某食品メーカーの会社案内を制作することになったときのことだ。デザインを発注していたデザイン会社から、

「締め切りを二週間延ばしていただけませんか？」

という打診が来た。カメラマンの撮影予定がズレてしまったというのだ。

「わかりました。クライアントに訊いてみます」

と言っていったん電話を切り、五分ほど時間を置いてデザイン事務所に電話すると、

「私のほうはいいのですが。担当課長が絶対に遅れないでくれと強硬なんですよ。人事課の新卒採用と連携しているらしくて。遅れるとペナルティーが発生するかもしれません。大変なことになりますよ」

ガツンと脅したのだが、脅しの言葉を発するのはN社長であっても「脅しの主体」ではない。主体はメーカーであり担当課長なのだ。図式化すれば「メーカー→N社長＋デザイン会社」ということになり、N社長とデザイン会社の関係は良好なまま。N社長は「わし、依頼されとるだけや」のヤクザ式でデザイン会社を追い込み、デザイン会社は納期ギリギリで納めてきたのだと言う。

「実際のこと言ったら」

とN社長が酒席で私に言ったものだ。

「納期が延びても大丈夫だったと思います。だけど、それではウチの信頼度に関わってきますからね。デザイン会社には申し訳なかったけど」

第三者の立場に身を置けば、自分は悪者にはならないですむ。図太く「善意の第三者」になれるかどうか。仕事を進めるうえで大事なスキルのひとつなのだ。

35 負けたときの手仕舞いは図太く「顔を売る」

「降参！」

と言って白旗を掲げることほど図太い処し方はない。

「一見して気弱に見えるかもしれねぇが、そうじゃない」

と不機嫌な顔で言うのは、大組織W会の準幹部氏である。

「ケンカを考えてみりゃわかる。殴り合っていて、負けそうになったら〝まいった〟の一言で手仕舞いになっちまう。指の一本も詰めてワビを入れた相手の生命《タマ》を取ったら、こっちが笑い者になる。降参なんて楽なもんじゃないか」

メンツだなんだとこだわるのは実は小心者で、図太い男は傷口が浅いうちに平気で白旗を掲げ、〝次〟のチャンスを虎視眈々と狙うと言うのだ。

準幹部氏は口には出さないが、W会が某県某市に進出したときのことが念頭にあるのだろう。このとき地元の独立系U一家は果敢に迎え撃ったが、所詮蟻《あり》と巨象。勝負にならず、一気に踏みつぶされる寸前でU組長は単身W会本部に乗り込み、

「俺の命は好きにしてくれていい。若い者だけはなんとかしてやってほしい」

と言って白旗を掲げたのである。

「じゃ、てめぇの命はもらった」

というわけにはいかない。男気に応えてこその任侠道で、

「よっしゃ。その度胸に免じて、若い者はウチで預かろう」

と度量を見せ、

「さすがやな」

と業界の評判を取った。U組長にしてみれば乾坤一擲《けんこんいってき》の勝負であったか、それとも白旗を掲げて単身で出向いた人間に手をかけるのは恥とする〝業界の価値観〟を読み切ってのことかわからないが、この白旗で手仕舞いになった。

問題はこのあと。U組長はカタギになって跡目を若頭に譲り、U一家はW会傘下に収まるのだが、跡目を取った若頭は度胸があってキレ者で、メキメキと頭角を現してW会で役職につく。こうしてU元組長は彼を後ろ盾とし、カタギでありながら隠然たる力をキープすることになる。

準幹部氏はこのことが気に入らない。白旗を掲げた〝中途採用者〟が、なぜW会で大手

を振って歩いているのかという思いが、「降参なんて楽なもんじゃないか」という不機嫌な言葉になるのだ。

だが、逆から見れば、**「勝ち目がない」と思ったら余力を残し、さっさと手仕舞いして次を狙ったほうが得策ということになる。**ところが、図太さに欠ける人は、周囲の目や評価を気にして白旗を掲げることを躊躇する。その結果、最後は玉砕してしまうというわけである。

「なんだ、この企画書は！」

上司にガツンと怒られたとする。

と言い返す自信と論拠があれば、図太く突っ張ればよい。

「お言葉ですが」

だがミスを自覚し、「ヤバイ！」と思ったら、傷が浅いうちにすぐさま手仕舞いにもっていく。多くの言葉はいらない。

「申し訳ありません、すぐさま書き直します」

最敬礼で謝っている者に対して、それ以上は深追いする理由がない。上司の怒りを一件落着にしておいて、企画書の書き直しに勝負をかければよい。この図太さがない人は劣勢においても必死で言い訳をするため〝火に油〟になってしまい、完膚なきまでに叩きのめされてしまうのである。

中国古典に「蟷螂《とうろう》が斧《おの》を以《もっ》て隆車《りゅうしゃ》の隧《すい》を禦《ふせ》がんと欲《ほっ》す」という一節がある。「蟷螂」は「カマキリ」、「隆車」は「高くて大きい車」、「隧」は「わだち」のことで、「カマキリが両足を振り上げて隆車の前に立ちふさがる」というたとえから、「身のほど知らずの無謀な行い」を言うが、これをさらに深く読み解くならば、**「勝ち目のないケンカは突っ張らず、さっさと手仕舞いすべし」**という教えになる。もっと言えば、**尻尾を巻いてみせながら、腹の中でアッカンベーをする図太さのススメでもあるのだ。**

36 次回を睨んで膝を屈する「忍という図太さ」

ヤクザはメンツに命を懸ける。一度でも安目を売ったらメシの食い上げになってしまうからだ。法律でシノギするのが弁護士であるなら、法律外の武闘力で勝負するのがヤクザ。だからメンツは、ときとして命より大事になってくることもある。

「だけど」

と、この価値観に異を唱えるのは、若手の売り出し中であるG幹部だ。

「ズドンとやって人生を棒に振る人間と、メンツにこだわらず辛抱して最後には組長《てっぺん》に上り詰めた人間と、どっちが男らしいのかってね。このごろ考えるんですよ」

ある中堅組員が飲み屋で他組織の若い衆と言い争いになり、メンツにこだわってドスで刺したところ相手が死亡して長い懲役に行った。ジギリ（組のために身体を懸けること）ではなく、個人的なケンカとあって、懲役は勲章にもならない。

「この組員が人生を棒に振ってまで守ったメンツとはいったいなんなのか。これはヤクザに限らないと思うけど、人生はマラソンと一緒でね。ゴールして初めて順位がつくのであって、道中トップを走っていてもリタイアすればビリでゴールした選手にも劣る。完走してこそのメンツじゃないですか？」

Ｇ幹部が座右の銘にしているのが「胯下《こか》の辱《はずかし》め」だ。「将来ある者が侮辱を耐え忍ぶこと」という意味で、「韓信《かんしん》の股くぐり」の故事として知られる。

のちに中国・楚王《そおう》になる韓信が、まだ若いときのことだ。

「やい、韓信。おまえは臆病者だろう。違うと言うなら、その剣で俺を刺し殺してみろ。できないなら、俺の股の下をくぐれ」

往来で不良少年に侮辱され、野次馬が固唾を呑《の》んで見守っていると、やおら韓信は腹ばいになると不良少年の股の下をくぐったのである。

「なんと臆病な！」

野次馬たちは嘲笑した。

そして歳月が流れ、韓信は楚王になるのだが、このときのことを振り返って、

「今日あるのは、あのとき屈辱に耐えたからだ。私は彼を殺そうと思えば殺せた。だが、あんな者を殺したところで名誉にもならないからそうしなかったのだ」

そう述懐したと『史記《しき》』にある。

「ヤクザが韓信と同じ目にあったらどうでしょう」

とG幹部は言う。

「メンツにだわって相手を刺し殺す。だけど逮捕《パク》られて人生は終わる。刺すのは小さなメンツで、組長になるというのは大きなメンツ。となれば小さなメンツにはこだわらない。これも男の度量じゃないですか？」

勤め人も同じで、たとえば上司に会議の席で無能呼ばわりされたとする。

「パワハラになりますよ。発言を撤回してください！」

ケツをまくり、上司が謝ればメンツは保たれたことになるが、それで何がどう変わったのか。何も変わらない。発言を撤回しただけで、「無能」という評価はいささかも変わらないどころか、憎さも加わる。評価は低くなり、足を引っ張り、出世の抵抗勢力になることだろう。

無能呼ばわりされたら、ケツをまくるのではなく、努力して成果を上げることだ。上司にとって不可欠の存在になればモミ手ですり寄ってくる。それが組織だ。**小さなメンツにはこだわらず、韓信のごとく、若手組長のごとく受け流し、虎視眈々と上を狙うのが図太い処し方なのである。**

第6章

ヤクザ式「人望を手に入れる」心理術

37 欠点を売りにする「男気の図太さ」

欠点は隠すからコンプレックスになる。周囲にそうと印象づけ、周囲もまた当人にとって〝恥部〟と認識する。だから足を引っ張るとき、それをあげつらう。

一流大学出身者がひしめく大企業で、課長に抜擢された知人は、「だけど、あいつ、高卒なんだってな」と陰口を叩かれた。知人は学歴コンプレックスがあり、そのことに触れられるのを嫌がっていた。だから周囲にとって格好の攻撃材料になる。知人は飲むと「俺が大卒だったら」と〝悪い酒〟になった。すでに定年退職したが、彼の会社人生はコンプレックスと二人三脚だった。これがもし、**「俺は高卒だ」と胸を張り、それを公言する図太さがあれば、会社人生はもっと変わっていたことだろう。**

コンプレックスをあえて公言することでウリに変えてみせたのが、かの田中角栄《たなかかくえい》元総理である。昭和三十七年、四十四歳で大蔵大臣（現在の財務大臣）に就任したとき、一流大学出が居並ぶ大蔵省幹部を前にして、こう挨拶を切り出した。

「私は諸君ご承知のように、小学校の高等科しか出ていない。しかし、世の中の経験は多少積んでいるつもりである」

　これに幹部たちはド胆を抜かれた。**みずから小卒であることを堂々と公言するのだから〝恥部〟にも〝欠点〟にもならない。隠さないとなれば、陰であげつらい、嘲笑することに意味がなくなってしまうわけだ。**

　そのうえで角栄は、

「諸君は財政、金融の専門家だ。これからは、もし私に会いたいときは、いちいち上司を通して来ることはない。こう思う、これはおかしい、これを考えてくれ、なんてことがあれば、遠慮せずに来てくれ。**結果の責任はすべて大臣であるこの田中角栄が取る**」

　こうして幹部たちの心をわしづかみにする。

　ガッツ石松氏については項目22（101ページ）で紹介したが、彼も〝コンプレックス〟を隠すことなくオープンにすることでプラスに転じている。自著『劣勢からの逆転力ガッツの知恵』（青志社《せいししゃ》）に、極貧で育ったことをこう記す。

《人間が住んでいるから〝家〟と呼んでいるだけで、雨が降るとシトシトピッチャン。あっちの天井、こっちの天井と雨漏りだ。関東の空っ風が吹くと、冗談じゃなく、前後左右に斜め横と、家の中をピューピュー吹き抜けていく。冬は寒くて、家のなかにいても体が震えた。暖房は囲炉裏一つだから、ちっとも暖まらず、家のなかも外も一緒。そのくらい貧しかった。
だから故郷を出るとき、俺は後ろを振り返って、
（いつの日か金を稼ぐ人間になって、あの家を俺が直してやる）
そう心に誓った》

角栄元総理もガッツ石松氏も、「コンプレックスのはずだ」と思うことを隠さずオープンにすることで称賛に転じてみせたということなのである。

ヤクザは総じてミエ張りだ。だから過去や出自を盛って語る人間が多い中で、その器量が評判の某親分は、こんな言い方をする。

「貧乏人の小倅《こせがれ》で、少年院卒。学歴も何もあったもんじゃない。カネがないから、若い時分は恐喝《カツアゲ》ですよ。ヤクザな暴れ者でね。あたしにはなんの誇るものもない」

こう言われて嘲笑する人間はいない。**過去をありのままに語ることでポジティブに転じている。**「誇るものがない」という言葉を「誇るものがある」という逆説に受け取るのが人間心理なのである。

38 非のない責任を被《かぶ》って「図太さを演出」

「周囲が知る手柄」は上司に譲り、「周囲が知る失敗」は自分が責任を被る。

図太い男は、平気でこの芸当をやってみせる。真相を周囲が知っているのだから、手柄を上司に譲り、責任をみずから被ることで、

「たいしたもんだ」

と周囲の評価になるわけだ。

ところが、この人間心理を知らない人間は、「うまくいったら自分の手柄、失敗したら人のせい」ということにする。一見、図太い処し方に見えるが、所詮は二流。

(なんだ、あいつ)

と評判を下げることに気がつかないでいる。

A組とB会が取り立てをめぐってモメたときのことだ。双方一歩も退《ひ》かず、一触即発の危機に陥るのだが、A組のZ組員がB会と掛け合って話をまとめた。

「たいした器量だ」

と他組織の長老がほめると、Z組員はこう言った。

「うちの本部長の威光ですよ。その威光を背に受けて話しに行っただけで、まとめたのは本部長ということになります。私に力なんかありゃしません」

この謙遜に、

「たいした男だ」

と長老は見直し、そのことを行き先々で口にしたことで、Z組員の評価は一気に高まった。一方、Z組員の言葉は当然、本部長の耳にも入るため気をよくして、これまた、

「たいした男だ」

とホメるため、ますますZ組員は株を上げることになる。

反対に、新規開店のキャバクラのミカジメをめぐって経営者とモメ、Z組員たちと店に乗り込んだ本部長が激高。テーブルをひっくり返して警察に引っ張られたとき、Z組員は親分にこう言って頭を下げた。

「本部長に、ご迷惑をかけてしまいました。自分が店と話をつければよかったんです。申し訳ありません」

短気を起こした本部長に非があることは同行した組員が知っているため、Z組員があえ

て本部長を庇《かば》ったということは周知の事実。組員はZ組員の男気を称賛し、親分は「いい若い衆だぜ」と目を細めることになるのだ。

したがって、仕事で手柄を立てたら、

「課長の助言がなければ、こうはいきませんでした。そういう意味で、商談をまとめたのは課長ということになります」

と手柄を譲り、上司が乗り出して失敗したときは、

「私がいたらなかったんです」

と責任を被ればよい。

ただし、手柄も失敗も、真相は「周囲が知っている」のがポイント。そうでなければ**手柄はしっかりアピールし、上司の失敗には知らん顔をする。図太さとは、こういうことを言うのだ。**

39 相手の心をつかむ「図太い訪問術」

ヤクザは人気商売である。

「あの人に頼めば、なんとかしてくれる」

という信頼と、

「あの人は、あこぎなことはしない」

という信用の二つを「人気の両輪」としてシノギする。

ヤクザは恐れられてナンボの存在ではあるが、蛇蝎《だかつ》のように嫌われたのではメシの食い上げになってしまう。**恐れられながらも嫌われず、さらに信頼と信用を得るという〝離れ業〟が求められる。**しかも他組織とぶつかればドンパチになって、身体と人生が懸かる。図太い神経の持ち主でなければ、三日と務まらないのがヤクザ稼業と言っていいだろう。

では、どうやって信頼と信用を得るか。恐れられたければ暴力を振るえばいいだけのことでそう難しくはないが、信頼と信用を得るのは簡単ではない。このことはビジネスマンが誰より承知していることだろう。

若手のR組員も、どうやってシノギを見つけるかで頭を悩ました。シノギといっても、駆け出しの手に負えるシノギは飲み代の回収や、ちょっとした個人的な金銭貸借の取り立てなどだが、どうやれば依頼されるか。

ヒントはヤクザ担当の雑誌記者。彼らは用があってもなくても、ときどきフラリと事務所に顔を出すのだが、すぐに退散する。

「用事があるんじゃないの？」

事務所に当番に上がったとき、たまたま顔を見せていた記者に問うと、

「顔を見せるだけでいいんですよ」

と言って笑ってから、

「僕らだけでなく、政治記者だって〝夜回り〟と言って主要閣僚の自宅を訪ねます。用があってもなくてもね。最初は玄関払いされますが、そのうち〝上がってお茶でも飲んでいけ〟ということになる」

「厚かましいと思われないの？」

「あなた、私がこうやって訪ねて来るのを、厚かましいと思っていますか？」

「いや」

「でしょう。用事や頼まれごとで来られたのでは鬱陶しいですが、近くまで来たからといって挨拶だけしてさっと帰るのは、かえって嬉しいものですよ」

この話を聞いて、

（これだ！）

とR君はひらめいたのだと、のちに私に語ってくれた。

それからというもの、知り合いの飲食店をまめに回り始めた。飲みに行ったのではカネがかかって大変なので、記者氏の真似をして、

「どうも。通りかかったもんで」

ドアを開けて首だけ突っ込み、挨拶をする。

こうしてちょこちょこ顔を見せているうちに、

「飲み代のツケを払わない客がいるんだけど」

そんなお声が少しずつかかるようになっていくのである。

営業の鉄則は「接触時間より接触回数」と言われる。たとえば月に一度会って二時間話し込むより、二、三日に一度、五分でも顔を合わせるほうが親近感が生まれ、仕事につながっていくという意味だ。

私が週刊誌記者時代に大相撲の八百長《やおちょう》疑惑キャンペーンを担当したときのこと。疑惑力士のウラ取りのため、事情を知ると思われる相撲関係者の自宅を訪ねたが、けんもほろろに追い返されてしまった。周辺取材でその関係者が早朝散歩を日課にしていると聞いていたので、毎朝、自宅付近に待機し、

「おはようございます！」

ニッコリ笑って声をかけた。

最初はムスッとしていたが、十日も過ぎるころには、

「また来ているのか」

不機嫌ながら口を開くようになり、そのうち、

「しつこいねぇ」

と苦笑するようになり、やがて自宅に上げてもらい、取材に成功する。

取材拒否の相手ですら、何度も顔を合わせているうちに親近感が芽生えてくるのだ。

「あの人と親しくなりたい」

と思えば、顔を合わせる回数を増やすことだ。**会話などする必要はない。ただ顔を合わせるだけで、親近感が芽生えていくことは心理学の分野でも証明されている。**

ただし、気をつけるべきは
「ぜひ、お目にかかりたいんですが」

という礼儀正しい丁重な言葉。誠意を見せるつもりが仇《あだ》になり、

(何か頼まれるんじゃないか?)

と相手は警戒して、

「しばらく忙しいんだ」

ということになる。

「ちょっと近くまで来たものですから」

さりげないこの一言こそ、実はもっとも図太い言葉であり、相手の心をわしづかみにしてしまうのだ。

40 「忖度《そんたく》せず」に自分の都合で攻める

ヤクザ社会は「忖度」で成り立っている。

こんな例がわかりやすい。

広域組織傘下M組の縄張《シマ》にV会の企業舎弟《しゃてい》が金融の看板を上げてモメたときのこと。M組、V会の双方で話し合いを持ったがラチが明かず、膠着《こうちゃく》状態になっていた。

広域組織本家の組長が、側近に世間話でもするかのように言う。

「M組長は毎晩、カラオケでノド自慢やっとるらしいやないか」

「すんません」

側近は引き下がると、すぐさまM組長に電話をかける。

「おのれ、ノド自慢やっとる場合とちゃうで！」

噛みつくように言って、「カラオケでノド自慢」という親分の言葉を告げた。V会の事務所にM組の銃弾が撃ち込まれたのは、その夜のことだった。「やれ」と言われなくても、忖度して動くのがヤクザ社会であり、責任は忖度した人間が背負う。

ところが近年、コンプライアンスがうるさくなるに従い、ヤクザ社会だけでなく一般社会でも忖度が求められるようになった。真偽は別として、「森友《もりとも》、加計《かけ》学園問題」をめぐって国会の場において忖度が問題になったように、**上の人間は「命令した覚えはない」で逃げ切りを図るのだ。**図式で言えば「忖度させる＝逃げ切る＝図太さ」ということになるが、これに対処するには、**下の人間にも「忖度しない＝責任を負わない＝図太さ」という処し方が必要になってくる。**忖度させるのも図太さなら、忖度しないのも図太さということなのだ。

「おう、子供、何歳になった？」

親分が若い衆に問う。

「おかげさまで小学校に上がりました」

問題はこのあと。

諸般の事情から親分の言葉を忖度すれば、「おまえの家族には不憫《ふびん》な思いをさせることになるが、身体を懸けてくれるか」ということを暗に言っている。だから忖度すれば、

「自分で役に立つことがありましたら、なんでもやらせてもらいます」

という返答になる。

ところが、あえて忖度しないようにすれば、

「ヤクザやっていてこんなこと言うのはなんですが、我が子は可愛いものですね。成人するまでは面倒を見てやろうと思っています」

こんな返答になり、ジギリ（組のために身体を懸ける）を回避の方向にもっていくことができる。**「忖度しない」は「空気が読めない」ではなく、「空気を読まない」という積極的図太さなのである。**

「土曜日、空いてるか？」

上司に問われて、

「例の案件で打ち合わせですね」

とリアクションするのが忖度。

「土曜日は久しぶりに家族サービスですよ。私は家でゆっくりしたいんですが、二カ月前からの約束なんで」

上司の意図を承知していながら、あえて忖度しない。状況に応じて、こういう図太さも必要なのだ。

41 タネをまけば育つ「評判の拡大再生産」

「取材で一分話せば、実際の映像でどこを切り取られるかわからない。十秒で答えれば、そこだけ使われる」

かつて「劇場型政治」と呼ばれた小泉純一郎元総理の名言である。万言を費やし、懇切丁寧に説明しても、新聞やテレビで報じられるときは問題発言になりそうな部分か、インパクトのあるワンフレーズだけ。だから誤解もされれば、本人の意に反して曲解されてしまう。前段をすっ飛ばして言葉だけを切り取って報道されれば〝失言〟にもなってしまう。だから多くは話さず、アピールする一語だけを話すべきだと小泉は言う。

「自民党をブッ壊す！」

という一語は小泉の存在と姿勢を象徴する言葉だが、何をどうやってブッ壊すのか国民はよくわからないにもかかわらず、

「小泉、たいしたもんだ」

と感心することになる。

実は **「評判」もこれと同じなのだ。**

たとえば会社での飲み会。

「Tのヤツ、ひでぇんだぜ。食わなきゃ損みたいに、ひとりでバカスカ食ってさ。みんながあきれてたよ」

T君がこんな悪口を言いふらされたとする。真相は「残すのはもったいないから食べちゃってよ」と上司に言われて頑張って食べただけだったが、「上司に言われた」という前段をすっ飛ばせば、なるほどT君は「ひとりでバカスカ食って」ということになる。ウワサは状況でなく、象徴的な一語をもって広がっていくため、「バカスカ食ったT」はセコイ男として語られていく。

だから**人間心理に通じたヤクザは、ここ一番で効果的なフレーズを発し、自分という人間をアピールする。**

独立系の老舗組織のS若頭が抗争事件で脇腹を刺されて重傷を負い、若い衆たちが大慌てで病院にかつぎ込んだときのことだ。治療が終わってから、ベッドのSに怒鳴りつけられる。

「バカ野郎が、刺されたくらいで病院にかつぎ込むんじゃねぇ」

本心か、計算して発した言葉かはわからない。だが、このワンフレーズをもって「若頭《カシラ》の神経は図太い」と評判になり、若い衆たちは心酔することになる。

小泉元総理の「自民党をブッ壊す！」という一語がひとり歩きして小泉のイメージをより大きくしていったように、ウワサは人の口を経るにつれてより大きくふくらんでいくという性質を持っている。**これが「評判の拡大再生産」で、ポイントは拡大再生産させるためにどんな〝イメージのタネ〟をまくか。この一点が勝負なのだ。**

私が編集企画会社をやっていた若いころのことだ。モデルの都合でポスター制作の納期が遅れることになり、発注元の広告代理店で善後策を協議した。相手は大口クライアント。担当者の感情をこじらせたら今後の取引に影響する。いろんな意見が出た結果、とにかく誠意を持って謝り、それですんなり納得してくれなければ値引きということで担当者の社内的立場を考慮するということになった。気の重い協議が終わったところで、PR課長が笑顔でみんなに言った。

「で、晩飯は肉と天麩羅《てんぷら》と、どっちがいいかな？」

課員たちの唖然《あぜん》とした顔をいまも鮮明に記憶している。この度量、この図太さがあってこその信頼と人望なのだろうと、そのとき私は思ったものだ。

だが、人生経験を重ね、いま当時を振り返ってみると、あのときのＰＲ課長の態度は演出ではなかったか、という思いがよぎる。

「大丈夫かな、うまくいくかな、困った困った」

と不安を口にしても事態は変わらないだけでなく、課員も私も、課長の小心さにあきれたことだろう。たとえ内心は不安であっても、笑顔で晩飯の話をあえて話題にすることで、課長は図太いという評判を得たものと、いまは思うのである。

天才画家のサルバドール・ダリは、上向きにピンとはねたカイゼル髭《ひげ》と目を大きく見開いた顔で知られるが、こんな言葉を残している。

「天才になるには　天才のふりをすればいい」

あるいは、かのナポレオンは、

「人はその制服どおりの人間になる」

と人間心理を喝破している。同じ人物が軍服を着れば毅然《きぜん》とした軍人になり、法衣をまとえば慈悲深い僧侶になる。**図太さも小心さも同じ。人は、そのイメージどおりの人間になっていくのだ。**

42 小さな〝不正〟に目をつぶる「我慢の器量」

中国の古典『韓非子《かんぴし》』に「毛を吹いて疵《きず》を求む」という言葉がある。家畜の身体を覆う毛を吹き分け、小さな傷がないかとあら探しすることで、
「そんな人間は嫌われるぞ」
という戒めである。

実際、あら探しをする上司は社会の表裏を問わず存在し、例外なく部下から嫌われている。たとえば、関東某市に事務所を置く某組事務局長のP組員がそうだ。ミカジメは組織としてのシノギであるため、組員は徴収したカネの全額を一家に納め、そこからキックバックをもらうのだが、これを集計するのがP局長で、実に細かくチェックするのだ。

「おまえ、××町のスナックから三万ほど取ってるんだってな」
と内緒のミカジメまで根こそぎ吐き出させる。

おかげで若い衆から大ブーイングなのだが、では、なぜP局長は「毛を吹いて疵を求む」ようなことをするのか。酒席でそれとなくP局長に水を向けると、

「親分《オヤジ》にバレたら、責任《ケツ》は局長のあたしにくるんですよ。千円のカネだって見逃すわけにいかないでしょう」

そう言った。

職務に忠実というよりも、責任を取らされるのが嫌で、熱心に〝あら探し〟をしているということになる。度量がないのだ。これでは自前の組織を持つのは無理だろうし、たとえ一家を構えたとしても、ついてくる若い衆はいないだろうと思ったものだ。

知人で食品会社営業マンのK氏が、東京から大阪へ出張したときのことだ。始発に乗るので、練馬《ねりま》区内の自宅から東京駅までタクシーを利用したことにして、出張旅費の精算を出したところが、

「このタクシー代は認められないよ」

上司で新任の課長がクレームをつけた。

「朝イチの『のぞみ』に乗ったものですから」

K氏が言い訳するや、

「四時五十二分の始発電車で間に合うじゃないか」

ピシャリと言い、これにK氏は唖然とする。精算書を細かくチェックし、さらに時刻表

まで調べていたのである。やがて新任課長は部下たちから総スカンを食らい、次の人事異動で左遷されてしまった。毛を吹いて疵を求むことの愚かさがこれでわかると思うが、毛を吹かないで〝水増し精算〟に目をつぶれば、発覚したときに監督責任を問われることになってしまう。「大目に見る」はリスキーであり、そのことを考えれば、何度も毛を吹いて疵を探し出し、

「このタクシー代は認められないよ」

と突っぱねたくなる。そのほうが精神的には楽なのだ。だが、それでは人望は得られず、リーダーとして大成することはない。**「人のあらを探さない」と口で言うのは簡単だが、寛容であるためには、リスクを背負う図太さが求められるのだ。**

43 図太さを培う「逆境の忍耐」

筋金入りのヤクザは、二言目には「我慢」を口にする。

腹が立つとき、逆境にもだえるとき、理不尽な仕打ちに苦悩するとき、彼らは「我慢しろ」と自分に言い聞かせる。歯を食いしばって耐えるのではない。余裕の笑みさえ浮かべてみせるのだ。やせ我慢と言えばそうかもしれない。だが、笑っていることは確かなのだ。

そんな彼らを見ていると、図太さとは忍耐と同義語であることがわかる。自分流を押し通してみせるには相応の図太さが求められるが、そうしたパフォーマンスの一方、もっともっとスケールの大きい図太さがあることに気づく。

広域組織三次団体の跡目問題に絡み、反主流派で中堅のＹ組員が見せしめとして破門になったときのことだ。

「破門になったが、俺はヤクザをやめたわけじゃない」

というのが口癖で、三十代半ばの彼は、いずれ破門が解ける日が来るものと信じている。度胸があって頭も切れる。組としてもいつまでも放ってはおくまいと私も見ていたが、問題は彼の家族。女房と育ち盛りの子供二人がいた。破門の身では、ヤクザ稼業でシノギするわけにはいかない。彼は日払いの土木作業の仕事についたのである。

肩で風切って歩いていた兄ィが真夏の炎天下、全身から汗を噴き出しながら作業している。それまで私は取材を兼ねて彼とはたまに一杯やることがあったが、人生の過酷な現実を目の当たりにして、とても誘う気にはなれないでいた。

ところがY組員のほうから、

「たまには一杯やろうよ」

と電話が来たのである。

そして、飲めばいつものように楽しい酒になる。暗さは微塵もない。生活も仕事も楽ではないだろうし、いまの境遇に忸怩たる思いもあるはずだ。現行の組幹部に恨みつらみもあるだろう。あって当然のはずだ。私たちなら不遇を嘆き、悪酔いして不満ばかり口にするに違いない。

だが、Y組員は笑っている。心の底から笑っているのかどうか、それはわからない。わからないが、顔はニコニコと屈託なく笑っている。私は、ここにY組員の〝真の図太さ〟を見る思いがしたのだった。

論語に「歳寒《としさむ》くして松柏《しょうはく》の凋《しぼ》むに後《おく》るるを知《し》る」という言葉がある。松柏とは「松」と、檜《ひのき》の一種「児《こ》の手柏《てがしわ》」のことで、ともに常緑樹だ。「凋むに後るる」は「いつまでもしぼまない」という意味で、どんな困難にも耐え抜くことをいう。他の草木が冬の厳しさに枯れてしまう中にあって、松柏は青々とした緑のまま変わらぬ姿で立っていることから、孔子《こうし》が人間を松柏にたとえ、

「人間の真価は、困難に直面したときにわかる」

とした。

図太さとは、進退谷《きわ》まるほどの逆境に直面してなお、Y組員のように笑みを浮かべてみせる精神力を言うのではないか。**図太さで忍耐し、忍耐することでさらに神経は図太くなっていくのだ。**

二年後、Y組員は破門を解かれて組に復帰し、出世階段を駆け上っていくのだった。

（了）

イースト新書Q

Q057

ヤクザ式《しき》 図太《ずぶと》く生《い》きる心理術《しんりじゅつ》
向谷匡史《むかいだにただし》

2019年5月20日　初版第1刷発行

イラスト　HOLON
本文DTP　小林寛子
編集協力　拓人社（小松卓郎）
企画・編集協力　畑 祐介
発行人　北畠夏影
発行所　株式会社イースト・プレス
東京都千代田区神田神保町2-4-7
久月神田ビル　〒101-0051
tel.03-5213-4700　fax.03-5213-4701
http://www.eastpress.co.jp/
ブックデザイン　福田和雄（FUKUDA DESIGN）
印刷所　中央精版印刷株式会社

ISBN978-4-7816-8057-6

文庫ぎんが堂

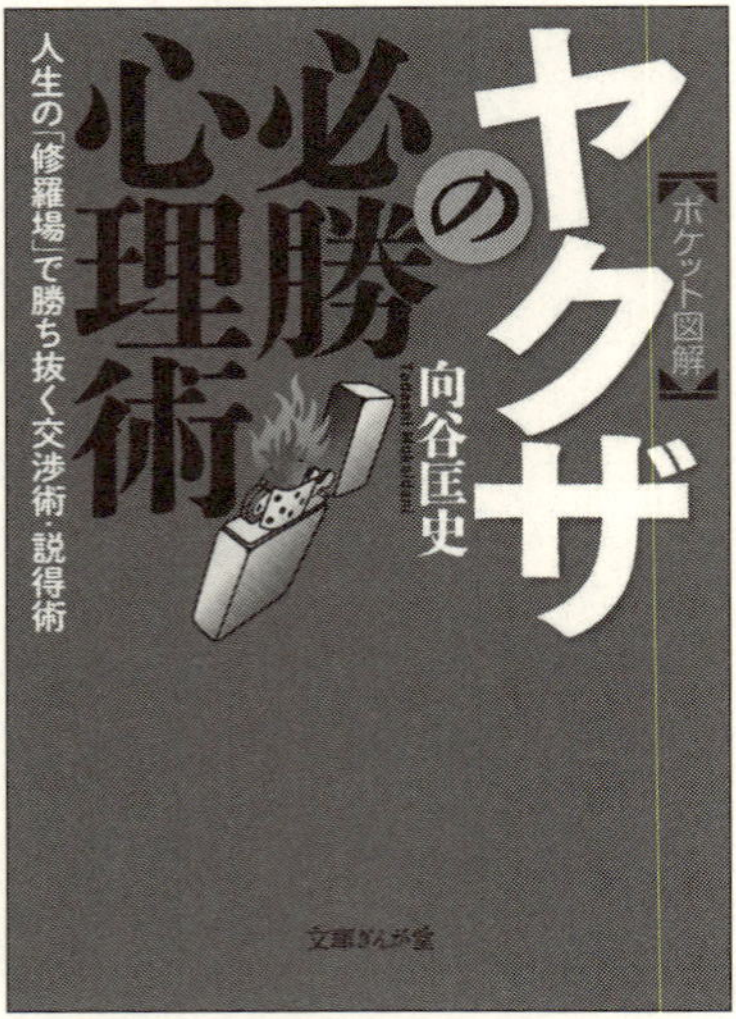

［ポケット図解］ヤクザの必勝心理術

向谷匡史

ヤクザは怖い。だが、ドンパチを一番恐れているのは、実は彼ら自身なのだ。実力行使はできるだけ避け、「何をされるかわからない」というイメージだけで相手に恐れ入ってもらえれば最高――ということになる。ヤクザが命懸けで培ってきた実戦ノウハウを、ビジネスの場で活かすもよし、恋愛に応用するもよし。対人関係の極意が「虚実の皮膜」にあることを知っていただければ幸甚である。（「はじめに」より）

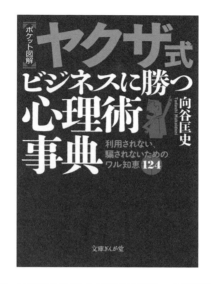